Eckart Witzigmanns junges Gemüse

Fotos: Studio Teubner

Inhalt

Vorwort	6

Frühling 14

Erbsen	16
Spinat	22
Lauch	28
Spargel	36
Warenkunde	42

Sommer 44

Zucchini	46
Möhren	52
Zwiebeln	58
Bohnen	64
Rote Bete	70
Tomaten	76
Warenkunde	82

Im Frühling lockt knackfrisches Grün auf die Märkte, Eckart Witzigmann widmet drei Rezepte den frischen Erbsen, die er etwa mit Kopfsalat kombiniert. Im Sommer kommt der Meisterkoch nicht an Tomaten und Zucchini vorbei. Mit Kräutern und Oliven bereitet er sie mediterran zu

Bewertung der Weine:
- ○ Weißwein etwa 15–25 Mark
- ○○ Weißwein etwa 25–80 Mark
- ● Rotwein etwa 15–25 Mark
- ●● Rotwein etwa 25–80 Mark
- ● Roséwein etwa 15–25 Mark
- ●● Roséwein etwa 25–80 Mark

Herbst 88

Artischocken	90
Kartoffeln	96
Fenchel	102
Blumenkohl	110
Pilze	116
Warenkunde	122

Winter 126

Kürbis	128
Kohl	134
Maronen	140
Chicorée	146
Warenkunde	152
Register	154

Am liebsten geht Witzigmann selber „in die Pilze". Fehlt ihm die Zeit, hat er gute Händler für Steinpilz & Co in München. Aus dem kapitalen Kürbis wird eine cremige Suppe, ein pikantes Chutney und eine würzige, leicht süße Füllung für Ravioli

Die Weinempfehlungen zu Eckart Witzigmanns Rezepten gab Paula Bosch, Sommelière im Münchner Restaurant „Tantris"

Vorwort

Wie Witzigmann
mit jungem Gemüse umgeht

Als mir Eckart Witzigmann vor zwei Jahren bei einem Mittagessen in Hamburg seine Idee schmackhaft machte, glänzten seine Augen: Er wolle für den FEINSCHMECKER eine Rezeptserie rund ums Gemüse auflegen – „weil doch die Leut' heutzutage immer mehr Gemüse essen, Madame". Und, das war dann spätestens vor der Kamera klar, wohl auch, weil das Thema ihn selbst begeisterte.

Nur „Witzigmanns junges Gemüse", mein spontaner Vorschlag für den Serientitel, brachte ihn sichtlich in Verlegenheit. Ob der nicht ein wenig zu frivol sei, gab er zu bedenken. Schließlich ließ er sich ein Okay abringen, und nicht ein Leser hat darüber je gemeckert. Im Gegenteil, die FEINSCHMECKER-Redaktion bekam begeisterte Briefe von Hobbyköchen, die Witzigmanns Ideen toll fanden und nachkochten. Augenzwinkernder Kommentar einer geübten Hobbyköchin: „Witzigmanns köstliche Erbsensuppe mit Minze ist inzwischen einer meiner Renner, auch, weil das Rezept unkompliziert ist. Für einige andere Gerichte käme mir dagegen ein Souschef sehr gelegen!"

Mancher Küchenchef hat die Kreationen Witzigmanns auf seine Speisenkarte genommen, mit Hinweis auf den Urheber. Nun also liegen von E. W. – unter diesem Kürzel kennen ihn Freunde, Kollegen und ehemalige Schüler – sechzig hinreißende Gemüserezepte zwischen diesen Buchdeckeln vor; sie alle wurden exklusiv für den FEINSCHMECKER entwickelt und fotografiert. Wir haben sie in vier Kapitel nach den Jahreszeiten sortiert, jeweils mit einer Warenkunde der Saison ergänzt.

Für unsere Fotoproduktion stand fest, daß alle Folgen für „Witzigmanns junges Gemüse" beim Meisterkoch zu Hause entstehen sollten – nichts Gestelltes, nichts Aufgebautes wollten wir inszenieren. Dafür mußten unentwegt Wagenladungen voller Lebensmittel und die schwere Fotoausrüstung zu Witzigmann in den fünften Stock geschleppt werden; Altbau, ohne Fahrstuhl. Fotograf Christian Teubner bekam den Auftrag, Witzigmanns Kochsessions live zu dokumentieren, am liebsten mit Tageslicht in der hellen Küche, sonst nur mit den einfachsten Lichtinstallationen und ohne Brimborium beim Anrichten der Teller.

Entstanden sind dynamische Bilder, die in Phasen die Entstehung der Gerichte zeigen und Handgriffe erklären – jedoch ohne den Anspruch einer braven Schritt-für-Schritt-Didaktik. Entstanden sind so aber auch sehr private, entspannte Fotos von Eckart Witzigmann, der sich zum Gemüseputzen, Köcheln, Schmoren und Braten allenfalls eine Schürze um seinen Bauch band. „Für euch habe ich mir fast alle meine schönen Oberhemden ruiniert", ließ er mich beiläufig wissen, als er zum ersten Mal das komplette Layout für dieses Buch durchblätterte.

Zu meinem Glück ist dieser Mann nicht nachtragend: Den Anfang unserer wunderbaren Zusammenarbeit begann ich, nachdem das Gemüseprojekt beschlossene Sache war, nämlich auf dem falschen Fuß. Ich bat E. W., der Redaktion vorab mitzuteilen, welche Rezepte er denn wohl für die jeweilige Folge im Sinn habe. Und

Eckart Witzigmann hat im Flur seiner Wohnung eine Wand nur mit Denkwürdigem geschmückt: Diplome, Ehrungen und Fotos, die Galadiners für Würdenträger dokumentieren. Seine Ideenskizzen, noch mehr Fotos und Briefe hütet er in Ordnern. Kochbücher füllen sein Arbeitszimmer

Beim Niederschreiben nehmen Witzigmanns kulinarische Ideen allmählich Gestalt an – alles in Schönschrift, da kann ihn nichts und niemand zur Eile antreiben. Auch seine Speisenkarten entstanden früher so von Hand. Und sogar seine Unterschrift schreibt er völlig leserlich aus

bitte möglichst auch schon ausformuliert. Jeder, der Witzigmann kennt und sich darum vorstellen kann, wie er auf ein derartiges Anliegen reagiert (nämlich überhaupt nicht; oder aber stocksauer), darf mich jetzt auslachen.

Die Wirklichkeit bei unserer ersten Verabredung zum Fototermin sah, wie auch bei allen weiteren Folgen, schließlich so aus: Später Vormittag, auf Eckart Witzigmanns Eßtisch türmen sich Quittungen und handschriftliche Notizen, auf dem langen, schmalen Küchenbalkon stapeln sich ungezählte Gemüsekisten und Tüten voller Zutaten, die Meisterkoch und Meisterfotograf vom Einkauf auf dem Viktualienmarkt mitgebracht haben. Klar ist allen Beteiligten bislang nur, daß heute die Themen Spargel und Spinat dran sind.

„So, was machen wir denn jetzt?" fragt der Hausherr plötzlich in die Runde. Na, das kann ja heiter werden, denke ich, hüte aber meine Zunge. Mache vorsichtig einige Vorschläge. Die zeigen immerhin Wirkung: Sie fordern den Koch zum Widerspruch heraus, er verwirft alle. Auch eigene Ideen baut er erst auf und reißt sie dann wieder ein, spricht nur noch in Satzfragmenten, schreibt in Schönschrift („Ich nehme nur schwarze Tinte – das gibt bessere Fotokopien!") mit enervierender Ruhe ein paar Notizen, verlangt nach Champagner; und würde uns wohl alle – Fotografen, Assistenten des Fotografen, Rezeptdokumentarin, Assistenten des Chefkochs, Layouter des FEINSCHMECKERS und mich – am liebsten zum Teufel jagen.

„Am besten war es für neue Kollegen immer, wenn in Witzigmanns Küchenbrigade drei oder vier Köche mindestens schon ein Dreivierteljahr arbeiteten; weil die ihn kannten – und verstanden, was er sagte und wollte, die haben den Neuen gedolmetscht", erzählte mir erst unlängst ein ehemaliger Schüler Witzigmanns.

Wie wahr: Patrik Jaros, vormals Souschef und dann Witzigmanns Nachfolger im Münchner Restaurant „Aubergine", hat in den meisten Folgen unserer Gemüseserie den Assistenten des Chefkochs gegeben (war er verhindert, hat Hans Haas vom „Tantris" immer jemanden aus seiner Brigade freigestellt, wofür ich ihm hier von Herzen danken möchte!).

Jaros jedenfalls behält die Ruhe, fängt fröhlich summend schon mal an, Spargel zu schälen, Fond aufzusetzen. Die Jahre an Witzigmanns Seite haben seine Intuition geschärft, Stimmungen und schöpferische Momente des Chefs richtig einzuschätzen; und die vielen umsichtigen Vorbereitungen geben jedem von uns die Zuversicht, daß am Ende alles gut wird.

Derweil gerät Eckart Witzigmann in einen Zustand, der wohl typisch für ihn ist, wenn Entscheidungen anstehen: Er tigert unruhig auf und ab, blättert, ohne sie anzuschauen, in einigen seiner vielen, vielen Kochbücher, greift dankbar nach dem klingelnden Telefon wie nach einem Rettungsanker, beginnt Papierstapel auf dem Sideboard umherzuschieben, um ausgerechnet jetzt Staub zu wischen.

Aha: Ablenkungsmanöver, die Scheu, endlich anzufangen. Bei Dichtern (und Journalisten) bezeichnet man diese quälende Unrast auch im Zeitalter der Computer noch als Angst vor dem weißen Blatt Papier, in Witzigmanns Fall wäre es wohl ein leerer weißer Teller. Diese Lähmung stellt sich auch dann ein, wenn man zu viele gute Ideen hat. Ich wage mich also wieder vor: „Wir können für jedes Gemüse nur drei Rezepte abdrucken. Wahrscheinlich haben Sie für jedes gleich 180 Ideen?" Darauf grantelt er etwas ganz und gar Unverständliches. Steht auf,

Vegetarier waren für E. W. eine Herausforderung, eine „wunderbare" sogar!

und geht in die Küche! Endlich. Die Schürze umgebunden, begutachtet der Meister noch einmal seine Gemüseberge draußen auf dem Küchenbalkon und verkündet: „So. Wir machen Spargel. Schönen grünen; dazu gefüllten Kohlrabi. Spargel", sagt er zu mir gewandt „muß man immer von oben nach unten schälen, achtmal so, dann ist eine schöne Stange fertig." Dazu macht er mit leeren Händen die typische Schälbewegung vor. „So. Wir könnten aber auch eine leichte Terrine machen, die schaut mit grünem Spargel gut aus. Das wird ganz klassisch, nur mit Ei und Vinaigrette. So hab ich's am liebsten." Beim Einkaufen haben ihn heute morgen die Flußkrebse angelacht, sie mußten einfach mit. Die will er mit Spinat und Mangodressing als Salat herrichten.

Eckart Witzigmann ist endlich in seinem Element: Er steht am Herd, putzt Gemüse, zupft zarte Kräuter, bürstet Shiitake-Pilze mit einem Pinsel, schaut Jaros in die Töpfe – und sieht so zufrieden und selbstvergessen aus wie ein spielendes Kind in der Sandkiste. Ich stehe staunend dabei: Wie behutsam er die Zutaten anfaßt! Nichts wird lieblos herumgeworfen oder hart aufgesetzt, das, was er „Respekt vor den Lebensmitteln" nennt, macht er mit liebevollen Händen vor. „Ich mochte Gemüse immer schon wahnsinnig gern", sagt er, „mich hat bei meiner Ausbildung die Arbeit auf dem Gemüseposten auch nie gestört, im Gegenteil. Die meisten Köche schimpfen auf diesen Job, weil sie nur am Waschen und Putzen sind – und meistens auch das Personalessen kochen müssen." Im legendären Münchner Restaurant „Tantris" hatte Witzigmann allein vier Köche im Team, die sich ausschließlich ums Gemüse zu kümmern hatten. „Wir waren jeden Tag auf dem Großmarkt, die Gärtnerhalle war immer eine Augenweide – diese vielen Kräuter!"

Manchmal, sagt er, war es dann für die Küche schon deprimierend, wenn Teller zurückkamen, von denen das Fleisch bis zum letzten Bissen verschwunden war, das Gemüse aber oft noch wie eine überflüssige Dekoration unangerührt dalag.

Für einen Gemüsefan wie Witzigmann waren Vegetarier als Gäste immer eine „wunderbare Herausforderung": große Menüs für verwöhnte Tischgesellschaften mit einem Vegetarier darunter – das spornte im „Tantris" und später in der „Aubergine" zu fleischlosen Höchstleistungen an.

Schon zu Hause bei Witzigmanns spielte Gemüse eine wichtige Rolle: Die Mutter, aufgewachsen in einer Pension, hatte beim Kochen ein glückliches Händchen – und im Garten eigene Beete für Gemüse und Kräuter. „Wer so aufwächst", sagt Eckart Witzigmann, „lernt, die Natur und ihre Produkte zu schätzen." Während seiner Jahre als Küchenchef des „Jockey Club" in Washington D.C. lebte er mit der Familie in einem Haus mit schönem Garten. „Das Gärtnern hat mich so begeistert, daß ich uns in Garching anfangs einen Garten gepachtet habe. Auch für meine beiden Kinder. Aber Veronique und Max haben dann doch die Lust daran verloren, man mußte nämlich das Wasser vom nächsten Bach in Eimern ranschleppen. Schließlich stand das Unkraut so hoch, daß uns die Nachbarn nicht mehr gegrüßt haben, da haben wir's dann aufgegeben."

Mit Landwirt Siegfried Heckmeier, der auf dem Münchner Viktualienmarkt seine Gemüseernte feilbietet, unterhält Eckart Witzigmann eine langjährige Geschäftsbeziehung: „Der Siggi weiß, wie Spitzenqualität zu sein hat."

Vorwort

Der Mann neben Witzigmann ist Patrik Jaros, einst sein Schüler, dann Nachfolger als Küchenchef in der „Aubergine". Auch für dieses Projekt in Witzigmanns privater Küche war er seine rechte Hand. Paula Bosch, Sommelière im Münchner Spitzenrestaurant „Tantris", hat für jedes Rezept zwei passende Weine ausgesucht: einen preiswerten und einen anspruchsvollen für besondere Anlässe

(Inzwischen wäscht unser Küchenchef große Mengen feinen Blattspinats, aus dem ein Savarin mit Schneckenragout werden soll.) An seine beiden großen Lehrmeister erinnert er sich lächelnd: „Bocuse hat seine Prinzeßbohnen über alles geliebt. Und Haeberlin kombinierte Artischocken und Erbsen zur Taube, einfach genial!" Bei ihnen hat der junge Witzigmann auch die Vielseitigkeit frischer Trüffeln erlebt, geschmeckt, daß die schwarzen gute Begleiter für Lauch („ein tolles Paar!") und frühen Blattspinat sind, der weiße aus Alba hingegen kräftigen Wurzelspinat ideal ergänzt.

Es ist soweit: Der Koch läuft auf Hochtouren. Und auch das erste Gericht ist fast fertig: Witzigmann hebt die Deckelchen von seinen gefüllten Kohlrabi, testet mit zarter Hand den Garzustand seiner Schöpfung – und ist zufrieden. Über einen Teller gebeugt, widmet er sich jetzt dem Anrichten: Hier noch ein wenig Kohlrabigrün, da noch einen Pilz als Farbkontrast, hier noch ein Tropfen Sauce. Nach dem Foto dürfen wir probieren. Ich gestehe: Diesem Künstler würde ich auch aus der Hand fressen!

*Madeleine Jakits,
Chefredakteurin DER FEINSCHMECKER*

P.S. Für alle, denen Eckart Witzigmann nicht schon seit den 70er Jahren ein Begriff ist, hier die wichtigsten Daten seines Werdegangs:

• Geboren 1941 im österreichischen Badgastein. Dort absolvierte er die Kochlehre im „Hotel Straubing".
• Als 24jähriger lernt Eckart Witzigmann den Elsässer Jean-Pierre Haeberlin am Skilift von Badgastein kennen. Dessen Bruder Paul ist Küchenchef der vielgerühmten „Auberge de l'Ill" in Illhaeusern.
• Witzigmann wird der erste Ausländer in Haeberlins Küchenbrigade, von dort wechselt er zu Paul Bocuse nach Collonges-au-Mont-d'Or bei Lyon.
• Nach weiteren Stationen in Brüssel, Stockholm, London und Washington D.C. schließlich das Angebot aus München: Bauunternehmer und Feinschmecker Fritz Eichbauer will Witzigmann als Küchenchef für seinen spektakulären Neubau: das Restaurant „Tantris" in Schwabing. Eröffnung ist am 2. Dezember 1971. Der Koch macht bald Furore – mit erstklassigen Zutaten in meisterhafter Zubereitung. 1974 erhält er den ersten Michelin-Stern.
• Für die zweite FEINSCHMECKER-Ausgabe (Heft 1/76) kreiert Witzigmann sein legendäres „Kalbsbries Rumohr".

• 1978 eröffnet E. W. sein eigenes Restaurant in München, die „Aubergine". Bereits ein Jahr später erhält er als erster Koch in Deutschland höchste Anerkennung – die begehrten drei Sterne des „Michelin".
• 1993 wird Eckart Witzigmann denunziert. Er muß sich daraufhin dem Münchner Amtsgericht stellen – wegen privaten Kokainkonsums. Ihm wird die Konzession entzogen. Küchenchef ist fortan einer seiner besten Schüler, Patrik Jaros. Doch im Herbst 1995 schließt die „Aubergine".
• Seit der FEINSCHMECKER-Ausgabe 12/95 kocht Eckart Witzigmann regelmäßig und exklusiv für die Leser dieses Magazins.
• Auf der Insel Mallorca ist Witzigmann seit Herbst 1997 gastronomischer Berater für das Restaurant „Ca's Puers" in Sóller. Mit dem Küchenteam rund um seinen Schüler Roland Trettl erarbeitet er das kulinarische Konzept des Lokals und plant weitere Aktivitäten auf der Insel.
• Seine früheren Stammgäste vermissen ihn und seine Kochkunst schmerzlich. Viele seiner vormaligen Schüler – und es waren im Laufe der 22 Münchner Jahre am Herd ungezählte! – sind selbst hervorragende Chefköche geworden. Aus ihrer Verehrung machen sie keinen Hehl: Der alte Gruß *„bonjour, chef!"* ist stets der Auftakt zu ihren herzlichen Begegnungen mit Eckart Witzigmann.

Frühling

Erbsen, Spinat, Lauch, Spargel

Endlich sprießt und grünt es wieder: Die zartesten Schoten und Knollen, Stangen- und Blattgemüse kommen mit den ersten warmen Sonnenstrahlen knackfrisch auf die Märkte. Zugreifen!

Rahmsuppe

von Erbsen und Zuckerschoten mit Minze

Schwierigkeitsgrad: leicht
Zubereitungszeit: 40 Minuten

Zutaten für 4 Personen:
Croûtons: *40 g Weißbrot,
40 g Butter*
Suppe: *1 geschälte weiße Zwiebel
(60 g), 1 geschälte kleine
Knoblauchzehe, 300 g ausgepalte
Erbsen (800 g in der Schale),
100 g geputzte Zuckerschoten,
1 Msp. Puderzucker, Salz,
weißer Pfeffer aus der Mühle,
frisch geriebene Muskatnuß,
0,5 l plus zwei Eßl. Geflügelbrühe,
50 g Butter, 1/2 Teel. in feine
Streifen geschnittene Blätter von
rotstieliger Minze, 1 Teel. grob
gehackte Petersilie, 100 g halbsteif
geschlagene Sahne*
Dekoration: *rotstielige Minze*

Croûtons: Weißbrot in kleine Würfel schneiden, in heißer Butter goldgelb rösten. Brotwürfel in ein feines Sieb geben, abtropfen lassen. Das abgetropfte Fett für die Suppe aufheben.
Suppe: Zwiebel und Knoblauch in feine Scheiben schneiden, in die erhitzte Butter von den Croûtons geben, hell anschwitzen. 250 g Erbsen und 80 g Zuckerschoten zufügen, mit Puderzucker bestäuben und 2–3 Minuten mit anschwitzen. Mit Salz, Pfeffer und Muskat würzen. 0,5 l kochend heiße Geflügelbrühe angießen und 10 Minuten köcheln lassen. Mit einem Mixstab pürieren. Butter bräunen, in die Suppe gießen. Restliche Erbsen und die restlichen, in feine Streifen geschnittenen Zuckerschoten im Topf der gebräunten Butter kurz anschwitzen, salzen und pfeffern. Mit zwei Eßlöffeln Geflügelfond ablöschen, 1–2 Minuten dünsten. Die pürierte Suppe zufügen. Minze und Petersilie einstreuen, umrühren.

Anrichten:
Einen Klacks Sahne auf die Suppe geben, Croûtons aufstreuen. Mit Minze garnieren.

Weintip:
○ 1996er Riesling Grand cru Sommerberg, Domaine Paul Blanck, Comtes de Lupfen, Kientzheim, Elsaß, Frankreich
○○ 1997er Sauvignon blanc, Rochioli Vineyards, Russian River Valley, Kalifornien, USA

Ganz junge, süße Erbsen und frische Minze sind ein harmonisches Paar

Patrik Jaros hilft beim Erbsenpalen für die cremige Suppe. Sie schmeckt auch lauwarm, und wer mag, ergänzt sie mit Flußkrebsen oder Jakobsmuscheln – beides paßt zur Süße frischer Erbsen. Der besondere Clou beim Würzen ist das frische Aroma von Minzeblättchen. Für etwas Biß sorgen die knusprigen Croûtons auf dem Sahneklecks

Gedämpfte Salatherzen

mit Zuckererbsen

Schwierigkeitsgrad: mittelschwer
Zubereitungszeit: 1 Stunde

Zutaten für 4 Personen:
*1 kg frische Erbsenschoten,
120 g mildgesalzener durchwachsener Räucherspeck, 110 g Butter,
2 geschälte junge Knoblauchzehen,
80 g geschälte weiße Zwiebeln,
200 g geputzte Lauchzwiebeln,
Salz, frisch gemahlener schwarzer Pfeffer, 1 Messerspitze Puderzucker,
1 Kopfsalat (etwa 500 g),
1 Bouquet garni (Möhre, Petersilienstengel und Sellerieherz),
frisch geriebene Muskatnuß,
1 Eßl. grob gehackte Petersilie*
Beilage: *junge Pellkartoffeln mit Crème fraîche*

Erbsen auspalen, beiseite stellen. Speck von Schwarte und Knorpeln befreien, in 1/2 cm breite Streifen schneiden. In einer flachen, ofenfesten Kasserolle 40 g Butter zerlassen. Knoblauchzehen auf eine Gabel spießen, durch die Butter schwenken. (Die Zehen werden für dieses Rezept nicht mehr benötigt.) Speck zugeben und kurz anbraten. Die Zwiebeln in 3 mm dicke Scheiben schneiden. Zum Speck geben und farblos mit anschwitzen. Lauchzwiebeln in den Topf geben, ebenfalls kurz anschwitzen. Mit Salz und Pfeffer würzen. Aus dem Topf herausnehmen, beiseite stellen. Puderzucker durch ein Sieb auf den Topfboden streuen. Kopfsalat von äußeren Blättern befreien. Dann die großen Blätter bis zum Salatherz ablösen, waschen, auf einem Küchentuch gut abtropfen lassen. Den äußeren Strunk vom Salatherz abschneiden. Herz längs vierteln, inneren Strunk leicht schräg abschneiden, die Blätter sollen noch zusammenhängen. Jedes Viertel mit Küchengarn zusammenbinden. In stark gesalzenem, kochendem Wasser etwa 1 Minute blanchieren. Herausnehmen, Wasser herauspressen. Gezuckerten Topfboden und Topfrand großzügig mit zwei Drittel der Kopfsalatblätter auslegen. Die Mischung aus Speck und Lauchzwiebeln darauf verteilen. Küchengarn von den Salatherzen vorsichtig entfernen und diese rosettenförmig auflegen. Bouquet garni einlegen. Erbsen darauf verteilen, mit Salz und Muskat würzen. Zum Schluß 40 g Butterflöckchen aufsetzen. Mit restlichen Kopfsalatblättern abdecken und mit Alufolie verschließen. In der Folienmitte ein kleines Loch lassen. Zusätzlich den Topfdeckel auflegen, er hält die Feuchtigkeit beim Garen im Ofen. Alles kurz aufkochen lassen. Geschlossenen Topf für etwa 20 Minuten in den auf 220 Grad vorgeheizten Ofen schieben. Herausnehmen und die entstandene Flüssigkeit in einen zweiten Topf abgießen. Flüssigkeit mit restlicher Butter (30 g) etwas reduzieren. Petersilie zufügen.
Deckel und Folie entfernen, obere Salatschicht aufklappen, Bouquet garni herausnehmen. Alles mit dem reduzierten Fond begießen.

Anrichten:
Erbsengemüse und je ein Salatherzviertel mit Pellkartoffeln servieren. Etwas Crème fraîche auf die Kartoffeln setzen. Dazu paßt gebratenes Geflügel- oder Kalbfleisch.

Weintip:
● 1997er Beaujolais „Pinot noir", Jean-Paul Brun, Domaine des Terres Dorées, Frankreich
●● 1996er Pinot noir „Reserve", Saintsbury Vineyards, Carneros, Kalifornien, USA

Die großen äußeren Salatblätter wirft der Koch nicht weg, sondern er nutzt sie als natürliche Hülle zum Dämpfen zarter Salatherzen und Erbsen. Mild geräucherter Speck gibt feine Würze, die Alufolie mit Dampfloch dient als Deckel. „Das Gericht leidet zwar in der Farbe etwas", sagt Witzigmann, „aber der Geschmack macht alles wett."

Erbsen

Erbsencurry
mit Kokosmilch

Schwierigkeitsgrad: mittelschwer
Zubereitungszeit: 1 Stunde

Zutaten für 4 Personen:
Chilisauce: 3–4 Eßl. Fischsauce,
1 Eßl. brauner Zucker,
5 junge Knoblauchzehen,
4 rote Chilischoten, 2 grüne
Chilischoten, Saft von 1 Limette,
1 Eßl. gehackte Korianderblätter
Reis: 400 g Basmatireis,
1 weiße Zwiebel (etwa 80 g),
1 Lorbeerblatt, 6 Gewürznelken,
2 Eßl. Pflanzenöl, 40 g Butter, Salz
Curry: 80 g geputzte weiße Teile von
Lauchzwiebeln, 4 junge
abgezogene Knoblauchzehen,
80 g thailändische runde Auberginen, 50 g Babymöhren,
100 g frische Maiskölbchen,
150 g weiße Spargelspitzen
(etwa 7 cm lang, ersatzweise
thailändischer grüner Spargel),
250 g Zuckerschoten,
80 g Shiitake-Pilze, 6 Eßl. Pflanzenöl, 1 $^1/_2$ Eßl. thailändische gelbe
Currypaste, 0,4 l Kokosmilch,
5 Eßl. thailändische Fischsauce,
300 g ausgepalte Erbsen (800 g in
der Schote), 100 g ausgepalte und
vorgegarte Saubohnen (500 g in
der Hülse), 100 g Sojasprossen,
$^1/_4$ Teel. Puderzucker, 2 Eßl. Korianderblättchen (einige Zutaten
sind in Asienläden erhältlich)

Chilisauce: Fischsauce mit dem Zucker in eine Schüssel geben. So lange rühren, bis sich der Zucker aufgelöst hat. Knoblauchzehen abziehen, in feine Scheiben schneiden. In die Fischsauce geben. Stielansätze der Chilischoten entfernen, halbieren, entkernen und in sehr feine Streifen schneiden. Mit Limettensaft und Koriandergrün in die Sauce rühren. Bis zum Servieren bei Raumtemperatur stehenlassen, damit sich die Aromen entfalten.
Reis: Reis in ein Sieb geben, unter fließendem Wasser gründlich waschen, gut abtropfen lassen. Zwiebel schälen, halbieren. Jede Hälfte mit $^1/_2$ Lorbeerblatt und je 3 Nelken spicken. Öl und Butter erhitzen, Reis zugeben und glasig anschwitzen. Zwiebelhälften einlegen, 0,8 l Wasser angießen und aufkochen lassen. Zugedeckt bei reduzierter Hitze 15 Minuten garen lassen. Zwiebel entfernen, Reis salzen.
Curry: Alle Zutaten für den Wok vorbereiten. Lauchzwiebeln schräg in 1 cm breite Stücke schneiden. Knoblauchzehen in Scheibchen schneiden. Auberginen vom Stielansatz befreien, achteln. Möhren schälen, längs etwa ein Drittel einschneiden. Maiskolben halbieren. Unteren Teil der weißen Spargelspitzen schälen (thailändischen Spargel ungeschält lassen). Von den Zuckerschoten Enden abschneiden. Schoten halbieren. Stielansätze der Shiitake-Pilze abschneiden. In einem Wok 2 Eßl. Pflanzenöl erhitzen, Zwiebeln und Knoblauch zugeben, hell anschwitzen. Im Wok zur Seite schieben. Currypaste zugeben, 1 Minute unter Rühren anrösten. Kokosmilch angießen, um ein Viertel einköcheln lassen. Zwiebeln wieder einrühren, alles in eine Schüssel gießen, beiseite stellen. Wok reinigen. Restliche 4 Eßl. Pflanzenöl darin erhitzen. Auberginen in den Wok geben, 2 Minuten braten. Möhren und Maiskolben 2 Minuten mitbraten. Spargel dazugeben und mit 2 Eßl. Fischsauce ablöschen. Pilze und Zuckerschoten dazugeben, weitere 2 Minuten braten. Erbsen zufügen, mit restlicher Fischsauce (3 Eßl.) ablöschen. Bohnenkerne dazugeben. Sojasprossen unterheben. Puderzucker durch ein Sieb über die Zutaten streuen und 3 Minuten braten, hin und wieder umrühren. Kokossauce dazugießen, gut vermischen. Korianderblättchen einstreuen.

Anrichten:
Curry heiß aus dem Wok mit Basmatireis servieren. Chilisauce dazureichen.

Weintip:
o 1995er Chardonnay, Lenswood Vineyards, Südaustralien
o o 1997er Condrieu „Les Chaillets", Yves Cuilleron, Rhône, Frankreich

Erbsen, Möhren, Mais, Shiitake, Sprossen, Keime, Spargel und mehr: Das Gemüse muß geputzt bereitstehen, wenn die Zubereitung im Wok beginnt, die Zutaten mit der längsten Garzeit wirft Witzigmann zuerst hinein. Zum scharfen Curry passen Gambas oder Huhn, etwa mit Ingwer und Knoblauch gebraten

Spinatsalat

mit Mango und Krebsen

Schwierigkeitsgrad: leicht
Zubereitungszeit: 45 Minuten

Zutaten für 4 Personen:

Flußkrebse: Salz, Kümmel, 4 Dillzweige, 32 Yabbies (australische Flußkrebse oder andere Krebse, beim Fischhändler vorbestellen), 4 Eßl. Maiskeimöl, ½ Teel. getrocknete, gestoßene Chilischote, Pfeffer aus der Mühle, ½ Teel. Zitronensaft

Vinaigrette: 1 Eßl. alter Rotweinessig, 2 Eßl. Sherryessig, 1 Eßl. Balsamessig, Salz, Pfeffer aus der Mühle, 1 Prise Zucker, 1 Teel. helle Sojasauce, 1 Teel. Ingwersirup, 1 feingehackte Schalotte, ½ gehackte Knoblauchzehe, 2 Msp. Currypulver, 6 Eßl. Olivenöl extra vergine, Saft und Fleisch von ⅓ nicht zu reifer Mango

Salat: ⅔ nicht zu reife Mango, 400 g geputzter Spinat, 30 g feingewürfelte Schalotten, 80 g in Streifen geschnittene Champignons, je 2 Eßl. abgezupfter Dill, Kerbel und Blättchen von glatter Petersilie, 20 g geröstete Pinienkerne, evtl. Radieschensprossen

Flußkrebse: Wasser aufkochen, großzügig mit Salz und Kümmel würzen. Dill einlegen, 5 Minuten mitkochen. Krebse bei großer Hitze 7–8 Minuten in sprudelndem Wasser garen. Herausheben, abkühlen lassen. 4 Krebse für die Garnitur beiseite legen. Restliche Krebse aus den Schalen lösen. Dazu den Schwanzfächer mit Daumen und Zeigefinger greifen, Krebsschwanz vom Körper abdrehen. Panzer von unten mit der Schere aufschneiden oder mit Daumen und Zeigefinger so weit biegen, daß die Unterseite aufbricht und das Krebsfleisch herausfällt. Darm entfernen. Die Scheren knacken und das Fleisch auslösen. Öl mit Salz, Chilis, Pfeffer und Zitronensaft mischen. Krebsfleisch etwa zehn Minuten darin marinieren.

Vinaigrette: Die Essigsorten mit Salz, Pfeffer und Zucker in eine Schüssel geben und so lange rühren, bis sich Salz und Zucker aufgelöst haben. Sojasauce, Ingwersirup, Schalotte, Knoblauch und Currypulver zufügen. Nach und nach Öl unterrühren. Mangosaft und gehacktes Mangofleisch zugeben, wenn der Salat zubereitet wird.

Salat: Mango der Länge nach in drei Teile schneiden. Das Mittelstück schälen, das Fruchtfleisch rund um den Stein abschneiden und den Saft auffangen. Fruchtfleisch kleinhacken, mit dem aufgefangenen Saft in die Vinaigrette rühren. Mit einem Löffel das Fruchtfleisch aus den beiden anderen Teilen lösen und in dünne Scheiben schneiden. Spinat vorsichtig mit der Vinaigrette mischen. Schalotten, Champignons und Kräuter bereithalten.

Anrichten:

Spinat mit den gezupften Kräutern, Champignons und Schalotten auf Tellern anrichten. Marinierte Krebse und Mangoscheiben daraufsetzen. Mit ganzen Krebsen garnieren, mit Pinienkernen und eventuell mit Radieschensprossen bestreuen.

Weintip:

○ 1997er Tausend-Eimer-Berg Riesling Smaragd trocken, Freie Weingärtner Wachau, Dürnstein, Österreich

○○ 1996er Hermitage blanc, Domaine Jean-Louis Chave, Mauves, nördliches Rhônetal, Frankreich

Junger Blattspinat ist ideal für Salat, aber empfindlich: also bloß nicht mit pappigschweren Saucen erdrücken und beim Wenden behutsam hantieren, rät Eckart Witzigmann. Statt der Mango können Orangen die Sauce würzen, Kalbsbries oder Jakobsmuscheln sind ebenso gute Begleiter wie hier die Flußkrebse

Gedünsteter Spinat, in hauchdünne Teigfladen gewickelt, gewürzt mit Knoblauch, Muskat und Parmesan: nur eine von vielen möglichen Füllungen. Auch im Winter hat das Pfannkuchenprinzip seine Reize – dann kommt kräftiger Wurzelspinat ins Spiel. Und Feinschmecker hobeln sich noch duftende Trüffeln über die Rollen!

Feine Pfannkuchen
mit Spinatfüllung

Schwierigkeitsgrad: leicht
Zubereitungszeit: 2 Stunden

Zutaten für 4 Personen:
Pfannkuchenteig: 50 g Mehl, 0,2 l Milch, 2 Eier, 1 Eigelb, Salz, Pfeffer aus der Mühle, geriebene Muskatnuß, 1 Teel. Sonnenblumenöl, Sonnenblumenöl zum Braten
Spinatfüllung: 1 gehackte Knoblauchzehe, 40 g gewürfelte Schalotten, 4 Eßl. Olivenöl, 400 g geputzter Spinat, Salz, Pfeffer aus der Mühle, geriebene Muskatnuß
Sauce royale: 0,125 l Sahne, 3–4 Eßl. Milch, 125 g Crème fraîche, 3 Eier, Salz, Pfeffer aus der Mühle, geriebene Muskatnuß
Weitere Zutaten: Butter zum Einfetten, 40 g geriebener Parmesan, 20 g gewürfelte Schalotten, 1/2 gehackte Knoblauchzehe, 2 Eßl. Olivenöl, 250 g geputzter Spinat, Salz, Pfeffer, geriebene Muskatnuß, gebräunte Butter zum Beträufeln

Pfannkuchenteig: Zutaten zu einem glatten Teig verarbeiten. Eine Stunde gekühlt ruhen lassen, damit das Mehl quellen kann. In einer beschichteten Pfanne immer wieder nur wenige Tropfen Öl erhitzen und nacheinander 12 dünne Pfannkuchen backen.
Spinatfüllung: Knoblauch und Schalotten in Öl farblos anschwitzen. Spinat in grobe Streifen schneiden. In die Pfanne geben und unter Schwenken etwa 2–3 Minuten zusammenfallen lassen. Mit Salz, Pfeffer und Muskat abschmecken. Etwas abkühlen lassen, portionsweise auf die Pfannkuchen verteilen. Eng aufrollen.
Sauce royale: Sahne, Milch und Crème fraîche glattrühren. Eier unterschlagen, mit Salz, Pfeffer und Muskat kräftig würzen.
Weitere Zutaten: Gefüllte Pfannkuchen in gebutterte Auflaufformen legen und fünf Minuten in den auf 150 Grad vorgeheizten Backofen schieben. Sauce royale über die Pfannkuchen verteilen und weitere 20 Minuten backen. Mit Parmesan bestreuen und noch einmal 15 Minuten backen, bis die Oberfläche gebräunt ist. Schalotten und Knoblauch in Öl anschwitzen. Spinat etwa zwei Minuten mitdünsten, mit Salz, Pfeffer und Muskat abschmecken.

Anrichten:
Pfannkuchen schräg aufschneiden und auf Teller verteilen. Mit Butter beträufeln. Den gedünsteten Spinat dazugeben.

Weintip:
● 1995er Artadi tinto, Cosecheros Laguardia (Alava), Rioja, Spanien
●● 1990er Châteauneuf-du-Pape, Château Rayas, Jacques Reynaud, Rhône, Frankreich

Die Rollen werden mit etwas **brauner Butter begossen,** *ein Trick, der den Geschmack hebt*

Spinatsavarin
mit Schneckenragout

Schwierigkeitsgrad: mittelschwer
Zubereitungszeit: 1 1/2 Stunden

Zutaten für 4 Personen:

Savarin: 40 g Brunnenkresse, 2 EßI. Olivenöl, 1 gewürfelte Schalotte, 1/2 gehackte Knoblauchzehe, 250 g geputzter Spinat, Salz, Pfeffer, frisch geriebene Muskatnuß, 0,2 l Sahne, 2 Eier, Butter zum Einfetten für 4 Savarinformen von 12 cm Durchmesser, 4–5 EßI. in Butter geröstete Semmelbrösel

Schneckenragout: 2 EßI. Butter, 2 gewürfelte Schalotten, 1 gehackte Knoblauchzehe, 5–6 EßI. Weißwein, 250 g Schnecken aus der Dose, 1 EßI. Noilly Prat, 0,1 l Schneckenfond (aus der Dose), je 1 Msp. feiner und grober Dijon-Senf, Salz, Pfeffer, 200 g Würfel von enthäuteten und entkernten Tomaten, 100 g geputzte Pio-Pini-Pilze oder andere frische Pilze der Saison, 1/2 EßI. Schnittlauchröllchen, 1/2 EßI. gehackter Dill, 1/2 EßI. in feine Streifen geschnittene glatte Petersilie, 1 Teel. gehackte Brunnenkresse, 2 EßI. halbsteif geschlagene Sahne

Spinat-Pilz-Mischung: 3 EßI. Olivenöl extra vergine, 2 feingewürfelte Schalotten, 1/2 gewürfelte Knoblauchzehe, 200 g Pio-Pini-Pilze oder andere frische Pilze der Saison, Salz, Pfeffer aus der Mühle, 250 g geputzter Spinat

Savarin: Brunnenkresse waschen und hacken. Öl erhitzen, Schalotten- und Knoblauchwürfel hineingeben, farblos anschwitzen. Brunnenkresse dazugeben, etwa 1 Minute dünsten. Spinat kurz blanchieren, in Eiswasser abschrecken. Abgießen, gut ausdrücken und in die Pfanne geben. Mit Salz, Pfeffer und Muskat würzen. 4–5 Minuten dünsten, abkühlen lassen. Pfanneninhalt mit der Sahne vermengen und pürieren. Eier unterschlagen und nochmals abschmecken. Savarinformen mit Butter ausstreichen. Die gerösteten Semmelbrösel gleichmäßig am Boden verteilen. Spinatmasse vorsichtig in die Formen geben. Fettpfanne des Backofens mit Wasser füllen. Pergament- oder Backpapier einlegen, damit das Wasser nicht sprudelt. Spinatsavarins im Wasserbad bei 140 Grad 50 Minuten pochieren und dann auf Teller stürzen.

Schneckenragout: Butter in einer Kasserolle erhitzen, Schalotten- und Knoblauchwürfel zugeben, farblos anschwitzen. Mit Weißwein ablöschen. Schnecken, Noilly Prat und Schneckenfond zugeben. Mit beiden Senfsorten, Salz und Pfeffer abschmecken. 10 Minuten köcheln lassen. Tomatenwürfel in die Kasserolle geben. Pilze zufügen, weitere 10 Minuten köcheln lassen. Schnittlauch, Dill, Petersilie und Brunnenkresse unterheben. Vor dem Servieren Sahne unterziehen.

Spinat-Pilz-Mischung: Olivenöl erhitzen. Schalotten- und Knoblauchwürfel hineingeben und farblos anschwitzen. Pilze 10 Minuten mitdünsten. Spinat waschen, gut ausdrücken und in die Pfanne geben. Zusammenfallen lassen, nochmals würzen und durchschwenken.

Anrichten:
Spinat-Pilz-Mischung in die Mitte der Savarins füllen. Schneckenragout neben den Savarins verteilen.

Tip:
Auch ein Ragout aus Muscheln oder Kalbsbries paßt zum Spinatsavarin.

Weintip:
● 1996er Chianti Classico, Isole e Olena, Barberino Val d'Elsa, Toskana, Italien
●● 1995er Leone del Carobbio Sangiovese, Carobbio, Greve in Chianti, Toskana, Italien

Pikante Brunnenkresse macht milde Spinatcreme pfeffrig; wer es lieber säuerlich mag, kann die Kresse auch durch Sauerampfer ersetzen. Was macht Witzigmann, damit Savarins beim Wenden intakt bleiben? Er läßt die Masse nach dem Garen etwas ruhen, legt einen Teller auf und wendet dann die so abgedeckte Form

Linsen-Reis-Tacos

mit Lauchfüllung

Schwierigkeitsgrad: mittelschwer
Zubereitungszeit: 45 Minuten
plus 1 Tag Ruhezeit für den Teig

Zutaten für 4 Personen:
Tacos: 100 g Basmatireis,
120 g grüne französische Linsen,
0,4 l Wasser, 3 Eßl. saure Sahne,
Salz, Pflanzenöl zum Ausbacken
Crème-fraîche-Sauce: 100 g saure Sahne, 100 g Crème fraîche,
1–2 Teel. Zitronensaft, Cayennepfeffer, Salz, weißer Pfeffer
Füllung: 1 kg Lauch, Salz, 4 Eßl. Crème-fraîche-Sauce, weißer Pfeffer, 1 Teel. Zitronensaft, 2 Eßl. grob geschnittene glatte Petersilie
Salat: 400 g Kirschtomaten, Salz, 4 Eßl. Olivenöl, 2 Eßl. gehackte Korianderblätter, schwarzer Pfeffer aus der Mühle
Dekoration: 100 g rote Zwiebeln in Streifen, Cayennepfeffer

Tacos: Am Vortag alle Zutaten verrühren und zugedeckt über Nacht im Kühlschrank einweichen. Am nächsten Tag alles in einen Mixer geben, fein pürieren und nochmals abschmecken. Aus Alufolie 10 cm lange und stabile Rollen von etwa 3 cm Durchmesser formen. Etwas Öl in einer beschichteten Pfanne erhitzen. 20 dünne Pfannkuchen von 12 cm Durchmesser ausbacken. Danach sofort um die Alurollen legen, damit sie die typische Tacoform erhalten. Auskühlen lassen. Alurollen entfernen.
Crème-fraîche-Sauce: Alle Zutaten in einer Schüssel glattrühren, abschmecken.
Füllung: Wurzelansatz und dunkelgrünen Teil des Lauchs entfernen. Es sollten etwa 800 g übrigbleiben. Lauch gründlich waschen, abtropfen lassen, längs vierteln. Lauch in sehr feine Streifen schneiden. In kochendem Salzwasser blanchieren, in Eiswasser abschrecken. Sehr gut abtropfen lassen. Mit Crème-fraîche-Sauce verrühren. Mit Salz, weißem Pfeffer und Zitronensaft abschmecken. Petersilie unterheben.
Salat: Kirschtomaten in kochendem Salzwasser 1 Minute blanchieren. Kalt abschrecken. Häuten und vierteln. Olivenöl und Koriandergrün zufügen. Alles mischen. Salzen und pfeffern.

Anrichten:
Füllung in die Tacos geben und auf Tellern anrichten. 1–2 Eßl. Tomatensalat anlegen, mit Zwiebeln garnieren. Mit Cayennepfeffer bestäuben.

Tip:
Als Füllung eignet sich auch herzhaft geräucherte Schweinshaxe mit rohem Krautsalat oder aber Krabbenfleisch mit Kürbischutney, Apfel und Curry.

Weintip:
○ 1996er Vouvray sec „La Coulée d' Argent", Domaine Bourillon-Dorléans, Loire, Frankreich
○○ 1996er Chardonnay „Reserve", Saintsbury Vineyards, Carneros, Kalifornien, USA

Je jünger der Lauch, desto **pikanter sein Geschmack.**
Das Blanchieren macht ihn milder

Ein ungewöhnlicher Teig für Tacos von Eckart Witzigmann: Die pürierte Mischung aus grünen Linsen, Basmatireis und saurer Sahne wird portionsweise wie Kartoffelpuffer in der Pfanne gebacken. Die Tacos noch warm um Rollen aus Alufolie legen und so abkühlen lassen, auf diese Art behält der Teigfladen seine Form. Dann das warme Lauchgemüse einfüllen. Dazu: ein Kirschtomatensalat

Lauch

Für seinen Salat kocht Witzigmann Knollenziest und wäscht die längs aufgeschlitzten Lauchstangen gründlich unter fließendem Wasser, um Erd- und Sandreste gut zu entfernen. Der fertige Salat vereint Zutaten, die der Koch im Zusammenspiel mit Lauch besonders schätzt: eine Vinaigrette aus Balsamico, eingelegten Trüffeln und Walnußöl, dazu Rotweinbutter und pochiertes Ei

Lauchsalat
mit Trüffelvinaigrette

Schwierigkeitsgrad: leicht
Zubereitungszeit: 40 Minuten

Zutaten für 4 Personen:
Rotweinbutter: *0,5 l Rotwein, 2 Teel. Sahne, 60 g kalte Butter, Salz, Pfeffer, 1 Prise Zucker*
Knollenziest: *250 g Knollenziest (beim Gemüsehändler vorbestellen, ersatzweise Topinambur), 1 Teel. grobes Salz, Saft von 1/2 Zitrone, 2 Eßl. Olivenöl, Salz, Pfeffer aus der Mühle, frisch geriebene Muskatnuß*
Trüffelvinaigrette: *12 g eingelegte schwarze Trüffeln, 3 Eßl. Olivenöl, 1 Teel. Balsamessig, 1 Teel. Madeira, 1 Teel. roter Portwein (Tawny), 20 g gehackte Schalotten, 20 g gehackte Frühlingszwiebeln, Salz, Pfeffer, 2 Eßl. Walnußöl*
Lauch: *4 Lauchstangen (je etwa 200 g), Salz*
Pochierte Eier: *1–2 Eßl. Weißweinessig, 4 gut gekühlte Eier, Salz*
Dekoration: *je ein Bund Petersilie und Schnittlauch*

Rotweinbutter: Rotwein auf die Menge von etwa 6 Eßl. einkochen, die Sahne einrühren, nach und nach Butter einschwenken. Mit Salz, Pfeffer und Zucker abschmecken. Warm halten.
Knollenziest: Knollenziest putzen. In einem Topf 1/2–3/4 l Wasser zum Kochen bringen. Salz und Zitronensaft zugeben. Knollenziest im Wasser etwa 8 Minuten kochen, abgießen und kalt abschrecken. Knollenziest in heißem Öl 3–4 Minuten braten. Mit Salz, Pfeffer und Muskat würzen, lauwarm abkühlen lassen.
Trüffelvinaigrette: Trüffeln aus dem Sud nehmen und in ganz feine Würfel schneiden. Olivenöl in einem Topf erhitzen, Trüffeln und ihren Sud dazugeben, etwa 1 Minute dünsten. Mit Essig, Madeira und Portwein ablöschen. Schalotten und Frühlingszwiebeln zugeben. Vom Herd nehmen, mit Salz und Pfeffer würzen, Walnußöl unterrühren. Warm halten.
Lauch: Wurzelansatz der Lauchstangen abschneiden. Dunkelgrüne Blatteile des Lauchs verschieden lang abschneiden. Lauch bis etwa 10 cm vor dem Wurzelansatz längs halbieren. Gründlich unter fließendem Wasser säubern. Salzwasser zum Kochen bringen. Lauch einlegen, etwa 4–5 Minuten kochen. In kaltem Wasser abschrecken und auf Küchenpapier abtropfen lassen.

Pochierte Eier: 1/2 l Wasser mit dem Essig aufkochen (nicht salzen!). Eier nacheinander in eine Schöpfkelle oder in eine Kaffeetasse aufschlagen. Kelle oder Tasse halb in das siedende Wasser tauchen, Ei in das Wasser gleiten lassen. So zerläuft es nicht. Die Eier 2–3 Minuten gar ziehen lassen. Mit der Schaumkelle vorsichtig wieder herausheben, in lauwarmes Salzwasser legen. Eiweißfäden abschneiden.

Anrichten:
Gekochten Lauch auf Tellern fächerförmig ausbreiten. Knollenziest darauf anordnen. Pochierte Eier danebensetzen. Mit Trüffelvinaigrette und Rotweinbutter beträufeln. Mit Petersilienblättchen und Schnittlauch garnieren. Salat lauwarm servieren.

Weintip:
○ 1997er Sauvignon Vin de Pays d'Oc, Domaine de Coussergues, Languedoc, Frankreich
○○ Kleinbottwarer Oberer Berg Brüssele'r Muskateller Sekt, Graf Adelmann, Steinheim, Württemberg

Frühlingsrollen

mit Lauch und Graupenrisotto

Schwierigkeitsgrad: mittelschwer
Zubereitungszeit: 1 Stunde

Zutaten für 4 Personen:

Graupenrisotto: 20 g Butter, 30 g feingehackte Frühlingszwiebeln, 20 g gehackte Schalotten, 50 g gewürfelte Möhren, 30 g gewürfelter Staudensellerie, Salz, 80 g in feine Streifen geschnittener Lauch, 100 g Gerstengraupen, 3–4 Eßl. Weißwein, 0,5 l Gemüsefond, Pfeffer, geriebene Muskatnuß

Gemüse: 2 Teel. Sesamöl, 2 Eßl. geschmacksneutrales Pflanzenöl, 10 g gehackter frischer Ingwer, 5 g gehacktes Zitronengras, 200 g geputzter Lauch, 150 g Möhren, 100 g in feine Streifen geschnittene Shiitake-Pilze, 2 Eßl. Austernsauce, 2 Teel. süße Chilisauce, Salz, Pfeffer

Sauce: 4 Eßl. Pflanzenöl, 2 Eßl. süße Chilisauce, 10 g gehackter frischer Ingwer, 4 Eßl. helle Sojasauce, 2 Teel. gehacktes Koriandergrün

Weitere Zutaten: 350 g geputzter Lauch, Salz, 8 Frühlingsrollenblätter 15 x 15 cm, 1 Eiweiß, 0,1 l Pflanzenöl

Dekoration: 4 Stangen Zitronengras
(einige Zutaten sind in Asienläden erhältlich)

Graupenrisotto: Butter erhitzen. Frühlingszwiebeln und Schalotten dazugeben, glasig anschwitzen. Möhren und Sellerie zufügen, salzen, 2 Minuten braten. Lauch zugeben und weitere 2 Minuten mit anschwitzen. Graupen waschen, abtropfen lassen, zum Gemüse geben. Kurz mit anschwitzen. Mit Weißwein ablöschen, die Flüssigkeit vollständig verdampfen lassen. Nach und nach Gemüsefond angießen, die Graupen sollen immer von Fond bedeckt sein. 20 Minuten garen, immer wieder umrühren. Mit Salz, Pfeffer und Muskatnuß abschmecken. Abkühlen lassen.

Gemüse: Öle zusammen in einer Pfanne erhitzen. Ingwer und Zitronengras zugeben, kurz braten. Lauch schräg in 1/2 cm breite Scheiben schneiden. In der Pfanne etwa 1 Minute mitbraten. Möhren schälen, mit einem Kartoffelschäler längs in feine Streifen hobeln. Zum Lauch geben, salzen, etwa 1 Minute braten. In der Pfanne zur Seite schieben, dann die Pilze in die Pfanne geben, kurz braten. Alles miteinander vermischen. Austern- und Chilisauce zufügen. Mit Salz und Pfeffer abschmecken. Warm halten.

Sauce: Alle Zutaten gut mischen.

Weitere Zutaten: Lauch quer in etwa 10 cm lange Stücke schneiden. In einzelne Blätter zerteilen. In kochendem Salzwasser blanchieren, in Eiswasser abschrecken und auf einem Handtuch abtropfen lassen. Den Frühlingsrollenteig so ausrichten, daß eine Spitze nach unten zeigt. Mit blanchierten Lauchblättern eng belegen. Deren Enden müssen zu den Spitzen zeigen. Dabei soll ein 2 cm breiter Teigrand frei bleiben. Rand mit verquirltem Eiweiß bestreichen. Auf den unteren Teil des Teigblattes 1–2 Eßl. Graupenrisotto geben. Die Ecken rechts und links über die Füllung klappen, von unten her aufrollen. Die Rollen in heißem Öl 5 Minuten knusprig braten.

Anrichten:

Gemüse auf Tellern verteilen. Frühlingsrollen darauflegen, eventuell aufschneiden. Mit der Sauce beträufeln und mit Zitronengras dekorieren.

Weintip:

○ 1997er Fransola, Miguel Torres, Penedès, Spanien
○○ 1996er Omadhaun & Paltroon, California White Table Wine, Sine Qua Non, Ventura, Kalifornien

„Graupen sind nahrhaft", meint Witzigmann, „das macht diese Frühlingsrollen zum eigenständigen Gericht." Das Getreide gibt der Füllung aber auch Biß und bindet die übrigen Zutaten: Möhren, Frühlingszwiebeln, Staudensellerie und Shiitake-Pilze. Beim Würzen spielen Zitronengras, frischer Ingwer, Koriandergrün, Sojasauce, Sesamöl und Chilisauce die Hauptrollen

Je zwei goldbraune Kartoffelrösti, mit sahnigem Lauchgemüse und Tomme de Savoie gefüllt, dazu Senfsauce: „Ein herzhaftes Sologericht – aber auch gut als Begleiter zum Schweinsbraten", empfiehlt Eckart Witzigmann. Er benutzt zum Braten der Rösti aus rohem Kartoffelteig seine handgeschmiedete Eisenpfanne, weil langsames Garen darin schöne, knusprige Exemplare ergibt

Rösti von rohen Kartoffeln

mit Tomme de Savoie und Lauchgemüse

Schwierigkeitsgrad: leicht
Zubereitungszeit: 45 Minuten

Zutaten für 4 Personen:
Lauch: *450 g Lauch, 30 g Butter, 1/2 gehackte Knoblauchzehe, 2 Eßl. gehackte Schalotten, Salz, Pfeffer aus der Mühle, frisch geriebene Muskatnuß, 2 Eßl. halbsteif geschlagene Sahne, 1 Eßl. gehackte glatte Petersilie*
Rösti: *400 g geschälte mehligkochende Kartoffeln, Salz, Pfeffer, Pflanzenöl zum Ausbraten der Rösti, 100 g grob geriebener, junger Tomme de Savoie (frz. halbfester Schnittkäse) oder Greyerzer, Schnittlauch zum Verzieren*
Senfbutter: *50 g Butter, 1 Eßl. grobkörniger Senf, Salz*

Lauch: Den dunkelgrünen Teil und Wurzelansatz der Lauchstangen entfernen. Lauch längs vierteln, gründlich waschen, in feine Streifen schneiden. Butter in einem Topf erhitzen, Knoblauch und Schalotten zufügen, farblos anschwitzen. Lauch zugeben, mit Salz, Pfeffer und Muskat abschmecken. Bei niedriger Hitze 5–6 Minuten dünsten. Sahne und Petersilie zugeben. Warm halten.
Rösti: Kartoffeln auf einer Röstireibe fein raffeln. In eine Schüssel geben, salzen, pfeffern, gut ausdrücken. In einer beschichteten Pfanne Pflanzenöl erhitzen. Aus der Kartoffelmasse 8 Rösti von 12 cm Durchmesser kroß braten, auf Küchenkrepp entfetten.
Grill vorheizen. 4 Rösti in eine Pfanne legen. Lauchgemüse gleichmäßig darauf verteilen. Die Hälfte des Käses aufstreuen. Unter dem Grill schmelzen lassen. Restliche Rösti auflegen. Mit restlichem Käse bestreuen. Unter dem Grill kurz gratinieren.

Senfbutter: Butter erhitzen. Senf einrühren, mit Salz würzen.

Anrichten:
Rösti auf 4 Teller verteilen, Senfbutter angießen. Mit Schnittlauchröllchen verzieren.

Tip:
Zu den Rösti passen statt der Senfbutter auch knusprig gebackene Speckwürfel oder ein lauwarmer Linsensalat.

Weintip:
• 1996er Château Revelette Coteaux d'Aix en Provence, Peter Fischer, Frankreich
○○ 1997er Condrieu, Domaine Gangloff, Rhône, Frankreich

Grüner Spargel

mit gefülltem Kohlrabi

Schwierigkeitsgrad: mittelschwer
Zubereitungszeit: 1 ½ Stunden

Zutaten für 4 Personen:
*4 junge Kohlrabi mit Blättern
(je etwa 170 g), Salz, Eiswasser
zum Abschrecken, 70 g Butter,
2 kleine Knoblauchzehen,
120 g geputzte Lauchzwiebeln,
80 g Sahne, Pfeffer aus der Mühle,
frisch geriebene Muskatnuß,
160 g Shiitake-Pilze, 2 Teel. Öl,
1 Scheibe Toastbrot ohne Rinde,
1 Eßl. Olivenöl, ½ Teel. Puderzucker, 100 g sehr kleine Möhren,
0,125 l Geflügel- oder Gemüsefond,
500 g grüner Spargel,
1 Prise Zucker, 1 Eßl. gehackte
Petersilie, 1 Eßl. Kerbelblättchen,
etwas Öl zum Fritieren*

Von den Kohlrabi bis auf die Herzblätter alle Blätter entfernen, beiseite legen. Kohlrabi schälen, einen Deckel abschneiden. Untere Hälfte mit einem Kugelausstecher aushöhlen, dabei einen Rand von etwa ½ cm stehenlassen. Unterseite flachschneiden. Deckel in kochendem Salzwasser kurz blanchieren und dann in Eiswasser abschrecken. 30 g Butter in einem Topf erhitzen. Knoblauchzehen abziehen und kleinhacken, mit 40 g kleingeschnittenen Lauchzwiebeln in den Topf geben, anschwitzen. Ausgehöhltes Kohlrabifleisch hinzufügen, Sahne angießen, mit Salz, Pfeffer und Muskat würzen. Hitze reduzieren, zugedeckt 10 Minuten köcheln lassen. 60 g Shiitake-Pilze mit Küchenkrepp abreiben. Harte Stiele entfernen, Pilze kleinhacken. Öl in kleiner Pfanne erhitzen, Pilze hineingeben, 2 Minuten braten, dann salzen und pfeffern. Zum Kohlrabigemüse geben.
Toastbrot in etwa ½ cm große Würfel schneiden. 20 g Butter in einer kleinen Pfanne auslassen. Brotwürfel hineingeben, goldbraun rösten und unter das Kohlrabigemüse mischen. In einem feuerfesten Topf 20 g Butter und 1 Eßl. Olivenöl erhitzen. Ausgehöhlte Kohlrabi hineinsetzen, rundherum anbraten. Dabei mit Puderzucker bestäuben, leicht salzen. Herausnehmen und mit Pilzmischung füllen. Den Deckel auf die Füllung legen. Kohlrabi wieder in den Topf setzen. Restliche Lauchzwiebeln in etwa 10 cm lange Stücke schneiden, zu den Kohlrabi geben. Möhren vom Grün befreien, waschen, ebenfalls zufügen. Fond angießen. Mit einem rundgeschnittenen, gebutterten Pergamentpapier zudecken. Topfdeckel auflegen und im vorgeheizten Ofen bei 150 Grad etwa 25 Minuten garen.

Grünen Spargel am unteren Ende schälen, vorher holzige Enden abschneiden. In einem Topf Wasser mit Salz und 1 Prise Zucker zum Kochen bringen. Spargel darin etwa 6 Minuten garen. Mit einem Schaumlöffel herausheben und etwa 3 Minuten vor Ende der Ofenzeit zu den Kohlrabi in den Topf geben. Restliche Shiitake-Pilze putzen. Restliches Öl (1 Teel.) in einer Pfanne erhitzen, Pilze hinzufügen, 2 Minuten braten. Salzen und pfeffern. Auch zu den Kohlrabi geben. Mit Kräutern bestreuen.
Für die Dekoration junge Kohlrabiblätter waschen, sorgfältig trocknen. Fritieröl in einer Pfanne erhitzen, Kohlrabiblätter hinzufügen, etwa 1 Minute rösten, auf Küchenkrepp abtropfen lassen. Leicht salzen.

Anrichten:
Kohlrabi mit Spargel und Gemüse auf Tellern anrichten. Mit fritierten Kohlrabiblättern garnieren.

Weintips:
○ 1997er Saint-Véran, Verget, Sologny, Burgund, Frankreich
○ ○ 1995er Château Smith Haut Lafitte blanc, Martillac, Graves, Frankreich

„Die Kombination von grünem Spargel, Kohlrabi und Shiitake-Pilzen ist logisch, einfach und im Geschmack wunderbar harmonisch", findet Eckart Witzigmann. Er rät, Spargel sparsam vom Kopfende her zu schälen. Ist der Grüne zart und jung, genügt es, die Enden zu putzen

Ein einfaches Lieblingsgericht von Witzigmann für weißen Spargel: mit gehacktem Ei und zerlassener Butter. Dazu Blumenkohl und grüner Spargel – gebraten und mit goldgelben Bröseln bestreut – und ein gehaltvolles Püree aus Brokkoli, mit reichlich Sahne und Butter verfeinert

Weißer Spargel

mit Blumenkohl und Brokkolimus

Schwierigkeitsgrad: leicht
Zubereitungszeit: 1 ½ Stunden

Zutaten für 4 Personen:
Spargel: *1 kg weißer Spargel, Salz, ½ Teel. Zucker, Saft von ½ Zitrone, 80 g Butter*
Pfannengemüse: *1 kleiner Blumenkohl, Salz, Eiswasser zum Abschrecken, 500 g grüner Spargel, 2 Eßl. Olivenöl, 40 g Butter, frisch geriebene Muskatnuß, 1 Eßl. grob gehackte Petersilie, frisch gemahlener weißer Pfeffer*
Brokkolimus: *500 g Brokkoli, 30 g Butter, Salz, Pfeffer, frisch geriebene Muskatnuß, 120 g Sahne*
Weitere Zutaten: *30 g frisch geriebene Weißbrotbrösel, 90 g Butter, 2 hartgekochte Eier, Kerbelblättchen*

Spargel: Weißen Spargel unterhalb des Kopfes von oben nach unten schälen, die Endstücke abschneiden. In einem großen Topf Wasser mit Salz, Zucker, Zitronensaft und 50 g Butter zum Kochen bringen. Spargel einlegen und in etwa 10–12 Minuten gar kochen, herausnehmen und abtropfen lassen. 30 g Butter in einer Pfanne schmelzen, Spargel darin kurz schwenken.
Pfannengemüse: Blumenkohl von Strunk und Blättern befreien, in Röschen teilen. In einem großen Topf Wasser zum Kochen bringen, salzen. Blumenkohl darin etwa 10 Minuten kochen. Herausheben, in Eiswasser abschrecken. Grünen Spargel unterhalb des Kopfbereichs von oben nach unten schälen, holzige Enden abschneiden und in etwa 3 cm lange Stücke schneiden. 6–8 Minuten in Salzwasser köcheln. In Eiswasser abschrecken, abtropfen lassen. Olivenöl mit 40 g Butter erhitzen. Blumenkohl hinzufügen, 3–4 Minuten goldbraun braten, mit Salz und frisch geriebener Muskatnuß würzen. Grünen Spargel und Petersilie hinzufügen und etwa 2–3 Minuten mitbraten. Mit frisch gemahlenem weißem Pfeffer würzen.
Brokkolimus: Brokkoli waschen, in Röschen teilen. Stiel schälen, kleinschneiden. Alles 5 Minuten in Salzwasser kochen. Herausnehmen, in Eiswasser abschrecken, abtropfen lassen.
Butter in einem Topf schmelzen, Brokkoli hinzufügen, andünsten. Mit Salz, Pfeffer und frisch geriebener Muskatnuß würzen. Die Sahne fast vollständig angießen und 10 Minuten weich dünsten.
Mit dem Mixstab pürieren, nochmals abschmecken, eventuell noch etwas Sahne zufügen.
Weitere Zutaten: 60 g Butter in einer kleinen Kasserolle schmelzen lassen, Weißbrotbrösel hinzufügen und goldgelb rösten. Eier pellen und kleinhacken. In einem kleinen Topf restliche Butter (30 g) schmelzen und eventuell aufschäumen.

Anrichten:
Auf vorgewärmten Tellern weißen Spargel in die Mitte legen. Pfannengemüse daneben anrichten. Mit einem Eßlöffel Nocken vom Brokkolipüree abstechen und dazusetzen. Gebratenes Gemüse mit gerösteten Bröseln, den weißen Spargel mit gehacktem Ei bestreuen. Alles mit Butter beträufeln. Kerbelblättchen darüberstreuen.

Weintip:
○ 1995er Château La Louvière, Pessac-Léognan, Bordeaux, Frankreich
○○ 1996er Silex Pouilly-Fumé, Didier Dagueneau, Loire, Frankreich

Spargelterrine
mit pochierten Wachteleiern

Schwierigkeitsgrad: leicht
Zubereitungszeit: 1 ½ Stunden,
außerdem Vorbereitung und Gelierzeit

**Zutaten für eine Terrine
von 1,2 l Inhalt, 30 cm lang:**
*2,2 kg grüner Spargel, Salz, Zucker,
Eiswasser zum Abschrecken,
12 Blatt Gelatine, 4 Eßl. Agriverde
con limone (Olivenöl mit Limonen-
aroma, in italienischen Feinkostläden erhältlich), 2 Eßl. Sherryessig,
Pfeffer aus der Mühle,
1 Eßl. Weißweinessig,
4 gut gekühlte Wachteleier,
4 Kräutersträußchen aus Kerbel,
Brunnenkresse und Staudensellerieblättchen zum Garnieren*

Am Vortag:
Holzige Enden vom Spargel abschneiden. Stangen mit einem Sparschäler
unterhalb des Kopfteils von oben nach
unten schälen. Mit Küchengarn zu
Bündeln binden, dabei darauf achten,
daß die Spargelspitzen nicht beschä-
digt werden.
In einem Topf Wasser zum Kochen
bringen. Salz und eine Prise Zucker
zufügen. Spargelbündel einlegen. Das
Wasser sollte den Spargel gerade
bedecken. Je nach Dicke der Stangen
8–12 Minuten köcheln lassen. Der
Spargel soll noch Biß haben. Spargel
herausnehmen, kurz in Eiswasser
abschrecken, wieder herausnehmen,
gut abtropfen lassen. Küchengarn
entfernen. 6 Stangen Spargel zum
Garnieren beiseite legen.
Gelatine einweichen. Spargelsud auf
1 l einkochen. 4 Eßl. Sud abnehmen,
beiseite stellen. Gelatine in lauwarmen
Sud einrühren und auflösen. Spargel-
gelee mit Salz abschmecken, etwas
abkühlen lassen. Terrinenform mit
Frischhaltefolie auslegen. Spargelstangen im Gelee wenden und wechselsei-
tig in die Form schichten, dabei immer
wieder Geleeflüssigkeit nachgießen.
Alle Spargelstangen sollten mit Sud
bedeckt sein. Über Nacht zugedeckt im
Kühlschrank fest werden lassen.

Am nächsten Tag:
Terrine aus der Form lösen, auf
eine Arbeitsplatte stürzen, in Scheiben
schneiden. Restlichen Spargelfond
(4 Eßl.) mit Oliven-Limonen-Öl und
Sherryessig zur Vinaigrette
aufschlagen. Mit Pfeffer, Salz und
Zucker abschmecken.
¾ l Wasser mit Weißweinessig zum
Sieden bringen. Wachteleier einzeln
nacheinander aufschlagen und
ins Wasser gleiten lassen. Mit einer
Schöpfkelle auffangen, um das Ei
in Form zu halten. 2–3 Minuten gar
ziehen lassen. Ei in der Schöpfkelle
herausnehmen, in vorbereitetes,
lauwarmes Salzwasser legen. Dadurch
wird verhindert, daß die Eier hart
werden. Vor dem Servieren Eiweißfäden abschneiden. Restliche 6 Spargelstangen der Länge nach halbieren.

Anrichten:
Auf jeden Teller 1 Scheibe Spargelter-
rine geben. Je 3 halbe Spargelstangen
und 1 Wachtelei anlegen, mit Salz und
Pfeffer würzen. Mit Vinaigrette beträufeln. Kräutersträußchen dazulegen.

Weintip:
○ 1997er Sauvignon blanc „Voglàr",
Peter Dipoli, Faedo, Trentino, Italien
○○ Franciacorta Gran Cuvée Satèn,
Spumante, Bellavista, Erbusco,
Lombardei, Italien

Räucherlachs oder Gänseleber
begleiten die grüne
Terrine ebenfalls auf elegante Art

Eine erfrischende Idee von Eckart Witzigmann, die
schon am Vortag zubereitet werden sollte, um feste
Formen anzunehmen: Die Terrine aus grünen Stangen
kommt in klassischer Begleitung auf den Teller – mit
pochiertem Wachtelei und Vinaigrette. Das Gericht
gelingt auch mit weißem Spargel

Warenkunde
für den Frühling

Erbsen

Steckbrief:
Das beliebteste Gemüse der Deutschen kommt von Juni bis August frisch auf den Markt. Neben heimischer Ware werden Importe aus Frankreich, Italien und den Niederlanden angeboten. Zwei Typen stehen zur Wahl: die leicht mehligen Schalerbsen, auch Palerbsen genannt, und die süßen Markerbsen. Knackig frisch aus der Hülse sind sie ein Hochgenuß, getrocknet oder tiefgefroren gibt es sie ebenfalls in guter Qualität.

Vom Markt in die Küche:
Zugreifen, wenn die Schoten knackig grün leuchten und keine gelblichen Verfärbungen oder Flecke haben! Faustformel beim Einkauf: 1 Kilo Schoten ergibt 400 g Erbsen. Im Gemüsefach des Kühlschranks halten sich Schoten etwa zwei Tage. Erst kurz vor der Zubereitung palen – so bleiben alle Aromen erhalten.

Was steckt drin?
Erbsen enthalten hochwertiges biologisches Eiweiß und B-Vitamine.

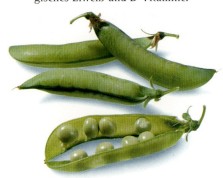

Zuckerschoten

Steckbrief:
Sie gehören zur Famile der Erbsen und und werden auch Kaiserschoten oder Chinaerbsen genannt. Die französische Bezeichnung der sehr jung geernteten und zartknackigen Hülsen *mangetout* – „iß alles" – deutet auf ihre Verwendung hin: Sie kommen im Ganzen auf den Teller. Im Gegensatz zu vollständig ausgereiften Erbsenschoten ist in ihnen die ungenießbare Pergamenthaut noch nicht entwickelt.

Vom Markt in die Küche:
Gartenfrische Zuckerschoten werden von Juni bis August angeboten, außerhalb der Saison gibt es sie tiefgekühlt. Das empfindliche Gemüse verträgt keine langen Lagerzeiten und sollte schon bald nach dem Einkauf verarbeitet werden. Blanchiert und in Butter geschwenkt, kommt das feine Aroma am besten zur Geltung. Tip: Nur kurz garen – die flachen Schoten sollen noch Biß haben.

Was steckt drin?
Eine gute Portion Chlorophyll, außerdem Fluor, Kupfer und Eisen sowie hochwertiges Eiweiß und B-Vitamine.

Spinat

Steckbrief:
Das ursprünglich aus Asien stammende Gemüse wird das ganze Jahr über frisch angeboten. Gourmets freuen sich auf den Frühlingsspinat – seine Blätter sind besonders zart und mild-aromatisch. Aus Italien, Frankreich und Deutschland kommen je nach Erntemethode zwei Qualitäten: Wurzelspinat mit anhängender Wurzel und der meist feinere Blattspinat ohne Wurzel.

Vom Markt in die Küche:
Beim Einkauf auf knackig frische Blätter achten. Lichtgeschützt aufbewahren und noch am selben Tag verarbeiten. Nicht noch einmal aufwärmen: Dabei bildet sich schädliches Nitrit.

Was steckt drin?
Erntefrischer Spinat enthält eine gute Portion Gesundheit: Vitamin C, Karotin, Folsäure und eine ausgewogene Kalzium-Phosphor-Mischung.

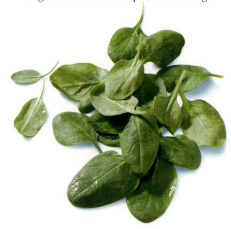

Lauch

Steckbrief:
Die auch Porree genannten Stangen werden in vielen Ländern Europas im Freiland kultiviert. Das zu Beginn des Jahres geerntete Gemüse ist dunkelgrün und etwas dicker, Sommerlauch hellgrün und schlank. Frühe Sorten zeichnen sich durch ein milderes Aroma aus.

Vom Markt in die Küche:
Frischer, knackiger Lauch ist gleichmäßig grün und weiß, älterer gelbfleckig und welk. Je größer der Weißanteil, desto höher die Qualität. Sorgfältig gewaschen, sind die grünen und weißen Teile gleichermaßen gut verwendbar. Die großen milden Stangen eignen sich gut für Suppen, das schärfere, mehr zwiebelige Aroma der kleineren Exemplare kommt am besten in Gratins und Gemüsebeilagen zur Geltung. Lauch harmoniert mit Nußölen.

Was steckt drin?
Porree hat großzügige Anteile an Kalium, Calcium und Phosphor sowie reichlich Vitamine E und C.

Grüner Spargel

Steckbrief:
Er wächst oberhalb der Erde und verfärbt sich unter Sonneneinfluß kräftig grün. Dabei entwickelt er deutlich mehr Aroma als seine bleiche Verwandtschaft, die größere Sympathien genießt – nur amerikanische Spargelfreunde bevorzugen die grünen Sorten. Doch auch deutsche Genießer kommen langsam auf den Geschmack, und das steigende heimische Angebot kann mit guten ausländischen Qualitäten mithalten.

Vom Markt in die Küche:
Nur der untere Teil grüner Stangen sollte geschält werden. Besonders zarte und dünne Exemplare können ungeschält zubereitet werden. Grüner Spargel ist empfindlicher als weißer und sollte möglichst bald zubereitet werden. Im Gemüsefach des Kühlschranks hält er sich, ungeschält und in ein feuchtes Tuch gewickelt, 1–2 Tage. Niemals in Wasser aufbewahren!

Was steckt drin?
Mehr Vitamin C, Phosphor und Kalium als in weißen Sorten.

Weißer Spargel

Steckbrief:
Feinschmecker erwarten die heimische Spargelsaison von Ende April bis 24. Juni meist voller Ungeduld. Denn in den Regionen bei Lübeck, Braunschweig, Mainz, Schwetzingen und Ulm werden die besten Qualitäten geerntet. Ohne Lichteinfluß bleiben die Stangen während ihres Wachstums makellos weiß – ragen die Köpfe aus der Erde in die Sonne, verfärben sie sich violett. Gleiche Kaliber – am besten fingerdick – sind gleichzeitig gar.

Vom Markt in die Küche:
Schnittstellen frischer Stangen sind hell und feucht, niemals trocken und holzig. Stangen unterhalb der Köpfe bis zum Ende hin dünn schälen, in kochendes Wasser legen und garen, bis sie noch bißfest sind. Garprobe immer am Kopfende machen.

Was steckt drin?
Viel Vitamin C, Phosphor und Kalium.

Sommer

Zucchini, Möhren, Zwiebeln, Bohnen, rote Bete, Tomaten

Schon die schiere Farbenpracht
sorgt leicht für Übermut beim Einkaufen:
zu zarten Zucchiniblüten, saftigen
Möhrchen und bunten Bohnen
auch noch ein paar Pfund duftende
Tomaten in den Korb? An Rezepten, um
alles zu verwerten, mangelt es nicht!

Fritierter Kranz
aus Zucchiniblüten mit geschmorten Tomaten

Schwierigkeitsgrad: mittelschwer
Zubereitungszeit: 2 Stunden

Zutaten für 4 Personen:
Reisteig: *160 g Reismehl, 0,15 l Eiswasser, Salz, 1 Prise Zucker*
Geschmorte Tomaten: *1 gewürfelte Knoblauchzehe, 30 g gewürfelte Schalotten, 3 Eßl. Olivenöl, 1 Prise Zucker, 1 Lorbeerblatt, 2 Zweige Thymian, 1 Zweig Rosmarin, 250 g gehäutete, entkernte und gewürfelte Tomaten (von 700 g), Salz, Pfeffer*
Tomatensauce (auch für das Rezept auf S. 48; 5 Eßl. hier verwenden): *50 g gewürfelte Schalotten, 2 zerdrückte Knoblauchzehen, 50 g in feine Scheiben geschnittener Staudensellerie, 3 Eßl. Olivenöl, 10 weiße Pfefferkörner, je 1 Zweig Thymian und Rosmarin, 300 g kleingeschnittene Tomaten, 1/2 Teel. Zucker, Salz, Pfeffer*
Geschmorte Zucchini: *20 g weiße Zwiebeln, halbiert und in feine Scheiben geschnitten, 30 g gewürfelte Schalotten, 1 gehackte Knoblauchzehe, 3 Eßl. Olivenöl, 200 g feingewürfelte Zucchini, 1 Teel. Thymianblättchen, 5 gehackte Rosmarinnadeln, Salz, Pfeffer, 20 g gehackte schwarze Oliven*
Gebratene Zucchini: *200 g kleine geputzte Zucchini, 1 Zweig Thymian, 1 Zweig Rosmarin, 2 Eßl. Olivenöl, Salz, Pfeffer*
Fritierte Zucchiniblüten und Garnitur: *16 Zucchiniblüten, Öl zum Fritieren, Salz, 4 kleine Rosmarinzweige, 3 geschälte und in feine Scheiben geschnittene Knoblauchzehen*
Vinaigrette: *2 Msp. Salz, 2 Eßl. Balsamessig, 3 Eßl. Olivenöl, Pfeffer*

Reisteig: Reismehl in eine Schüssel geben. Eiskaltes Wasser unterrühren. Leicht salzen, zuckern und zugedeckt 30 Minuten im Kühlschrank ruhen lassen. Den Teig immer wieder umrühren.
Geschmorte Tomaten: Knoblauch und Schalotten in heißes Olivenöl geben, Zucker darüberstreuen und glasig anschwitzen. Lorbeer und Kräuter einlegen. Tomaten zufügen, salzen, pfeffern.
Tomatensauce: Schalottenwürfel, Knoblauch und Sellerie in Olivenöl glasig anschwitzen. Pfefferkörner und Kräuter zufügen, kurz mitschmoren. Tomaten und Zucker dazugeben, salzen und pfeffern. Zugedeckt bei niedriger Hitze 20 Minuten köcheln lassen. Durch ein feines Sieb passieren. Bis auf etwa 0,3 l einkochen. 5 Eßl. davon zu den geschmorten Tomaten geben und durchrühren.
Geschmorte Zucchini: Zwiebel, Schalotten und Knoblauch in heißem Olivenöl glasig dünsten. Zucchini und Kräuter dazugeben, salzen und pfeffern. Etwa 5 Minuten dünsten. Oliven untermischen.
Gebratene Zucchini: Zucchini quer in dünne Scheiben schneiden. Mit abgezupften Kräutern 2 Minuten in Olivenöl dünsten. Salzen und pfeffern.
Fritierte Zucchiniblüten und Garnitur: Stiele der Blüten entfernen. Blüten längs halbieren und den Stempel herausschneiden. Reisteig durchrühren. Blüten hineintauchen, überschüssigen Teig abklopfen. In 180 Grad heißem Öl fritieren. Auf Küchenpapier abtropfen lassen. Salzen. Rosmarin und Knoblauch im Öl fritieren, abtropfen lassen.
Vinaigrette: Salz im Essig verrühren. Olivenöl unterrühren, pfeffern.

Anrichten:
4 Zucchiniblüten kreuzförmig auf Tellern auslegen, in der Mitte eine Öffnung lassen: Einen Ausstechring von 10 cm Durchmesser auf die Öffnung setzen. 2 Eßl. der geschmorten Tomaten darin verteilen. Darauf 2 Eßl. geschmorte Zucchini geben, mit gebratenen Zucchini abschließen. Ring entfernen. Weitere Zucchinischeiben auf den Blüten verteilen. Mit zwei Eßlöffeln aus den restlichen geschmorten Tomaten Nocken formen, je eine auf die Mitte setzen. Mit Vinaigrette beträufeln. Mit fritierten Rosmarinzweigen und Knoblauchscheiben garnieren.

Weintip:
● 1997er Rosato del Salento, Rosa del Golfo, Alezio, Apulien, Italien
○○ 1995er Spätburgunder „S" trocken, Meyer-Näkel, Dernau, Ahr

Die zarteste Versuchung, die Gemüsehändler im Sommer zu bieten haben, sind leuchtendgelbe Zucchiniblüten. Die Kelche sind taufrisch am besten, wer sie ohnehin – wie hier – fritieren möchte, kann sie aber auch über Nacht in einer Vorratsdose frischhalten. Für Gerichte mit Zucchinigemüse empfiehlt Witzigmann die kräftige Würze von Thymian und Rosmarin

Reizvoll sind hier die Kontraste zwischen weich und knusprig: Eine Mischung aus Fenchelknolle, Staudensellerie, Paprika, Auberginen und Zucchini wurde mit Tomaten gedünstet und mit Balsamessig mariniert. Dazu: Basilikum, Auberginen und Zucchini, ausgebacken in Reisteig

Zucchiniteller

mit süß-saurer Tomatensauce und Knuspergemüse

Schwierigkeitsgrad: mittelschwer
Zubereitungszeit: 1 Stunde,
außerdem 1 Nacht Marinierzeit

Zutaten für 4 Personen:

Mariniertes Gemüse: *1 Eßl. Akazienhonig, 3 Eßl. Obstessig, 3 Eßl. Olivenöl, 4 geschälte weiße junge Zwiebeln, 3 geschälte Knoblauchzehen, 1 rote Chilischote, 150 g Fenchel, 100 g geputzter Staudensellerie, in 2 cm große Stücke geschnitten, je 150 g rote und gelbe Paprikaschoten, 300 g in dünne Scheiben geschnittene Zucchini, 250 g abgezogene, entkernte und feingewürfelte Tomaten, 2 Lorbeerblätter, 3 Nelken, Salz, Pfeffer, 0,1 l Prosecco, 0,3 l Tomatensauce (Rezept auf Seite 47), 150 g geputzte Auberginen, 2 Eßl. Balsamessig*
Fritiertes Gemüse: *40 g Reismehl, 2–3 Eßl. eiskaltes Wasser, Salz, 1 Prise Zucker, 80 g geputzte Zucchini, 80 g kleine geputzte Auberginen, Erdnußöl zum Fritieren, 1 Handvoll Staudensellerieblättchen, einige Basilikumblätter*

Mariniertes Gemüse: Honig, Obstessig und Olivenöl in einer Kasserolle karamelisieren. Zwiebeln, Knoblauch und ganze Chilischote dazugeben. Fenchel putzen, in etwa 2 cm große Stücke schneiden, mitgaren. Sellerie zufügen. Paprikaschoten halbieren, entkernen, weiße Wände entfernen. Mit einem Sparschäler die Haut dünn abschälen, in 2 cm große Stücke schneiden. Paprika dazugeben. Zucchini, Tomaten, Lorbeerblätter und Nelken zufügen. Salzen und Pfeffern, 5 Minuten dünsten. Mit Prosecco ablöschen und Tomatensauce unterrühren.
Auberginen mit einem Sparschäler streifig schälen, längs vierteln und in Stücke schneiden. Zum Gemüse geben. Topf mit einem passend zugeschnittenen Stück Backpapier abdecken. In die Mitte des Papiers ein kleines Loch stechen. Gemüse noch 5–8 Minuten bei niedriger Hitze köcheln. Papier entfernen. Balsamessig unterrühren, Gemüse in eine Schüssel füllen und über Nacht ziehen lassen.
Fritiertes Gemüse: Reismehl mit kaltem Wasser glattrühren, leicht salzen, zuckern und zugedeckt im Kühlschrank 30 Minuten ruhen lassen. Zucchini quer in Scheiben schneiden. Auberginen längs in Scheiben schneiden. Gemüse in den Reisteig tauchen, überschüssigen Teig abklopfen und portionsweise im Öl bei 180 Grad ausbacken. Auf Küchenpapier abtropfen lassen, leicht salzen. Ausbackteig zwischendurch immer wieder umrühren. Staudensellerie- und Basilikumblättchen waschen, gut trocknen. In den Reisteig tauchen, überschüssigen Teig abstreifen, in Öl ausbacken. Auf Küchenkrepp abtropfen lassen, salzen.
Das marinierte Gemüse in einer Kasserolle lauwarm erhitzen.

Anrichten:

Das lauwarme Gemüse auf vorgewärmten Tellern anrichten. Mit fritierten Kräutern und Gemüsescheiben garnieren. Zu dem Gemüse passen Stubenküken, Seeteufel oder Gambas, jeweils gebraten.

Weintip:

◦ 1997er Ried Achleiten Grüner Veltliner, Manfred Jäger, Weißenkirchen, Wachau, Österreich
◦◦ 1996er Franciacorta Chardonnay, Ca' del Bosco, Erbusco, Lombardei, Italien

Zucchininudeln

mit Tomaten-Oliven-Sugo

Schwierigkeitsgrad: leicht
Zubereitungszeit: 30 Minuten

Zutaten für 4 Personen:
*30 g Salz, 6 Eßl. Olivenöl,
300 g Penne rigate (kurze,
geriffelte Röhrennudeln),
300 g geputzte kleine Zucchini,
2 gehackte Knoblauchzehen,
40 g Schalottenwürfel,
30 g feingehackte schwarze
Oliven ohne Stein,
250 g abgezogene, entkernte und
feingewürfelte Tomaten,
40 g in feine Ringe geschnittene
Frühlingszwiebeln,
80 g passierte Tomaten, schwarzer
Pfeffer aus der Mühle,
1 Eßl. gehackte Rosmarin- und
Thymianblättchen,
1 Teel. Butter, 20 g Weißbrotbrösel,
30 g geputzte Rucola,
etwa 0,4 l Erdnußöl zum Fritieren,
frischer Parmesankäse zum Hobeln*

Drei Liter Salzwasser zum Kochen bringen. Penne rigate darin bißfest kochen. In ein Sieb schütten, dabei 0,1 l des Nudelwassers auffangen. Wasser und Nudeln beiseite stellen. 200 g Zucchini mit einem Spargelschäler in dünne Scheiben schneiden und in einer großen Pfanne in 4 Eßl. Olivenöl 1 Minute andünsten. Knoblauch und Schalottenwürfel zufügen, glasig werden lassen. Abgetropfte Nudeln zugeben und durchschwenken. Restliche Zucchini (100 g) fein würfeln, mit Oliven, Tomatenwürfeln und Frühlingszwiebelringen zu den Nudeln geben, 2 Minuten mitbraten. Passierte Tomaten und Nudelwasser zufügen. Mit Salz und Pfeffer abschmecken.

Kräuter einstreuen und weitere 3–4 Minuten köcheln lassen. In einer weiteren Pfanne restliches Olivenöl (2 Eßl.) mit Butter erhitzen, Weißbrotbrösel einstreuen und rösten. Rucola in 180 Grad heißem Erdnußöl fritieren. Auf Küchenkrepp abtropfen lassen.

Anrichten:
Die Nudeln in vorgewärmten Tellern anrichten. Mit den fritierten Rucolablättern und gerösteten Bröseln garnieren. Parmesan darüberhobeln.

Weintip:
○ 1997er Vernaccia di San Gimignano, La Lastra, Toskana, Italien
○○ 1997er Chardonnay****, Werner Knipser, Laumersheim, Pfalz

Zucchini brauchen Partner
mit mediterranem
Temperament und viel Aroma

Auch der Jahrhundertkoch greift ausnahmsweise mal zur Tüte: Penne, die Röhrennudeln, kann selbst er nicht besser herstellen. Den Parmesankäse zur Krönung schneidet Eckart Witzigmann mit dem Trüffelhobel in hauchdünne Späne, die Teller richtet er mit Rucolablättern an, die er zuvor in Erdnußöl fritiert hat

Geschmortes Eisbein
auf Möhren, Petersilienwurzeln und Kartoffeln

Schwierigkeitsgrad: leicht
Zubereitungszeit: 2 1/2 Stunden

Zutaten für 4 Personen:
1 Eisbein (etwa 1 kg), 1 Bouquet garni aus Möhre, Lauch und Staudensellerie, 1 mit Lorbeerblatt und 2 Nelken gespickte Zwiebel, Salz, 500 g geschälte Möhren, 200 g geschälte Petersilienwurzeln, 200 g geschälte kleine Zwiebeln, 350 g geschälte mehlige, kleine Kartoffeln, 2 Petersilienstengel, 2 Thymianzweige, Pfeffer, geriebener Muskat, 2 Eßl. brauner Zucker, 0,15 l Wasser, 1 Lorbeerblatt, 5 Nelken, 1/2 Bund gehackte glatte Petersilie, 2 Eßl. Schweineschmalz

Eisbein, Bouquet garni und gespickte Zwiebel in kochendes Salzwasser legen und 1 Stunde köcheln lassen. Herausnehmen, die Schwarte ablösen, einen Teil des Fetts am Eisbein belassen. Schwarte in einen feuerfesten Topf legen, bei mittlerer Hitze 20 Minuten das Fett ausbraten. Möhren an der dickeren Stelle 5 cm einschneiden, damit sie gleichmäßig garen. Auf der Schwarte verteilen. Petersilienwurzeln, kleine Zwiebeln und Kartoffeln darauflegen. Petersilienstengel und Thymian zusammenbinden, dazugeben. Salz, Pfeffer, Muskat und 1 Eßl. braunen Zucker darüberstreuen. 5 Minuten anschwitzen. Wasser angießen. Haxe mit Lorbeerblatt und den Nelken spicken, auf das Gemüse legen. Mit Alufolie abdecken, den Deckel auflegen. Für etwa 40 Minuten in den auf 150 Grad vorgeheizten Ofen schieben. Deckel und Alufolie entfernen. Haxe mit restlichem Eßl. braunem Zucker bestreuen. Ofenhitze auf 220 Grad erhöhen. Haxe einschieben, Zucker 15 Minuten karamelisieren lassen. Der Zucker sollte nicht schwarz werden, eventuell die Hitze verringern. Petersilie zufügen, nochmals abschmecken. Zwiebeln und Kartoffeln aus dem Topf nehmen. Schmalz in einer Kasserolle erhitzen. Zwiebeln und Kartoffeln darin rundherum anbraten. Haxe in Portionsstücke teilen.

Anrichten:
Gemüse, Möhren und Petersilienwurzeln bleiben unzerkleinert. Mit den Kartoffeln auf Teller geben. Haxe anlegen, mit dem Schmorfond beträufeln. Die Schwarte wird nicht serviert.

Weintips:
- 1994er Château Poujeaux, Moulis-en-Médoc, Bordeaux, Frankreich
- • 1994er Cabernet Sauvignon Napa Valley, Dunn Vineyards, Howell Mountain, Kalifornien, USA

„Dieses Gericht", bekennt Witzigmann, „gehört zu meinen Lieblingsessen. Es gibt für mich nichts Köstlicheres als dicke Karotten, die sich beim Schmoren mit Fleischsaft vollsaugen!" Keine Lust auf Eisbein? Dann vielleicht nur eine Schwarte vom Kochschinken oder eine Speckschwarte mitgaren, auch das gibt viel Aroma

Curry, Kümmel und Koriander, Chili, Limettensaft und Orangenfilets geben der Salatsauce eine raffinierte Note. Als Grün pflückt sich Witzigmann nur die zarten Herzen vom Römersalat heraus, darauf legt er gekochte Möhren, Zwiebelringe, entkernte Traubenfilets und Medaillons von jungem Crottin-de-Chavignol-Käse

Möhren-Trauben-Salat

mit roten Zwiebeln und gebratenem Ziegenkäse

Schwierigkeitsgrad: leicht
Zubereitungszeit: 45 Minuten

Zutaten für 4 Personen:

*600 g Möhren, Salz, 2 geschälte Orangen, 2 Purpurgranadillas (ersatzweise violette Passionsfrüchte), Saft von 1/2 Limette,
6 Korianderkörner, 1/2 Teel. Kümmel, 1 Msp. Curry, 1 Msp. getrocknete, zerstoßene Chilischote,
5 Eßl. Sonnenblumenöl,
1 Prise Zucker, Pfeffer aus der Mühle, 100 g helle kernlose Trauben, 8 Kopfsalat- oder Römersalatblätter (Romanasalat),
2 Crottins de Chavignol
(frz. Ziegenkäse), 80 g rote Zwiebel, in Ringe geschnitten,
Kerbelblättchen zum Verzieren*

Möhren schälen, in kochendem Salzwasser etwa 10 Minuten garen. Herausnehmen, abkühlen lassen. Schräg in 1/2 cm dicke Scheiben schneiden. Orangen filetieren, dabei die weiße Haut entfernen und den Saft auffangen. Purpurgranadillas halbieren, Fruchtfleisch mit einem Löffel auslösen, durch ein feines Sieb in eine Schüssel streichen. Limetten- und Orangensaft zugeben. Koriander und Kümmel in einem Mörser zerstoßen. Mit dem Curry und der Chilischote zu den Säften geben. 4 Eßl. Öl einrühren, mit Salz, Zucker und Pfeffer abschmecken. Trauben waschen, abziehen. Mit den Orangenfilets in die Saftvinaigrette geben. Salatblätter waschen, gut abtropfen lassen. Ziegenkäse quer halbieren. Restlichen Eßl. Öl in einer beschichteten Pfanne erhitzen. Käsemedaillons von beiden Seiten kurz braten.

Anrichten:

Salatblätter auf Tellern verteilen und mit Möhrenscheiben belegen. Trauben zufügen, die Vinaigrette aufträufeln und mit Zwiebelringen belegen. Pfeffer grob darübermahlen, alles mit Kerbelblättchen verzieren. Den Käse zum Schluß in die Mitte setzen.

Weintips:

o 1997er Gutsriesling QbA trocken, Hermann Dönnhoff, Oberhausen, Nahe
oo 1997er Sauvignon blanc, Robert Bauer, Flein, Württemberg

Limettenrisotto

mit glasierten Möhren

Schwierigkeitsgrad: leicht
Zubereitungszeit: 45 Minuten

Zutaten für 4 Personen:
Glasierte Möhren: *200 g geschälte Möhren, 2 Eßl. ungesalzene Butter, 1 Teel. Zucker, 0,1 l Mineralwasser*
Limettenrisotto: *2 Eßl. Olivenöl, 3 Eßl. ungesalzene Butter, 1/2 gehackte Knoblauchzehe, 1 gewürfelte mittelgroße weiße Zwiebel, 250 g Risottoreis (Arborio), 120 g in dünne Scheiben geschnittene Möhren, 0,1 l trockener Weißwein, 1/2 l heißer Geflügelfond, Saft von 1 Limette, Salz, Pfeffer, 80 g gesalzene Butter, 40 g geriebener Parmesan, 4 Eßl. halbsteif geschlagene Sahne, geriebene Muskatnuß, blanchierte Zesten (feine Schnitze von der Schale) von 1 Limette*

Glasierte Möhren: Möhren in 3 mm dicke Scheiben schneiden, Butter erhitzen. Zucker einrühren, leicht karamelisieren lassen. Möhren zugeben, unter ständigem Rühren kurz dünsten. Mineralwasser (es verbessert den Geschmack) angießen, 3 Minuten köcheln. Salzen, pfeffern.
Limettenrisotto: Olivenöl und ungesalzene Butter in einem Topf erhitzen, Knoblauch und Zwiebel zufügen. Farblos anschwitzen. Reis dazugeben, glasig werden lassen, dabei ständig rühren. Dann weiterrühren, der Reis darf nicht ansetzen. Möhrenscheiben dazugeben, 1 Minute mitdünsten. Reis, Zwiebel und Möhren sollten nicht braun werden. Mit Wein ablöschen. Bei mittlerer Hitze weiterrühren, bis die Flüssigkeit aufgesogen ist. Den heißen Geflügelfond und Limettensaft angießen. Mit Salz und Pfeffer würzen, unter Rühren in 15 Minuten fertigkochen. Gesalzene Butter und Parmesan dazugeben. Sahne unterheben. Mit Muskat würzen. Die Hälfte der Limettenzesten unterrühren. Nochmals abschmecken. Die Hälfte der glasierten Möhren unter den Risotto heben.

Anrichten:
Risotto auf Tellern anrichten, mit restlichen glasierten Möhren und Limettenzesten garnieren. Idealer Begleiter zu Geflügel oder gegrilltem Fisch.

Weintips:
○ 1997er Guitán Godello La Tapada, Valdeoras, Spanien
●● 1994er Terre Brune, Cantina Sociale di Santadi, Sardinien, Italien

Wer einen guten Risotto will, braucht heiße Brühe
und Geduld beim Rühren

Einen Teil der Möhren gibt Witzigmann schon ganz am Anfang in den Topf. Als Garflüssigkeit gießt er Geflügelfond und Limettensaft an. Zum Schluß rührt er einen Klacks Butter, etwas Sahne und geriebenen Parmesan unter, das verleiht dem Risotto Bindung. Feinste Zesten von blanchierter Limettenschale geben Würze

Zwiebeln
mit orientalischer Füllung

Große, weiße Zwiebeln sind mild und darum als Gemüse geeignet. Mit einem Kugelausstecher höhlt der Koch die Zwiebeln aus, füllt sie mit einem gedünsteten Mix aus Rosinen, Mandeln, Zwiebeln und Reis, würzt mit Curry und Chili, legt die Deckel auf und gart alles auf Wurzelgemüse mit roten und gelben Tomaten im Ofen

Schwierigkeitsgrad: mittelschwer
Zubereitungszeit: 2 Stunden

Zutaten für 4 Personen:
Wurzelgemüse: *2 Stücke Würfelzucker, 2 Eßl. alter Weinessig, 2 Eßl. Olivenöl, 100 g geschälte in 1/2 cm große Würfel geschnittene Möhren, 80 g in 1/2 cm große Würfel geschnittene Petersilienwurzeln, 1 gehackte Knoblauchzehe, Salz, Pfeffer aus der Mühle*
Zwiebeln: *4 große, weiße Zwiebeln (je 250 g), Salz*
Füllung: *3 Eßl. Butter, 60 g geschälte, gestiftelte Mandeln, 60 g gewaschene Rosinen, Meersalz, Pfeffer aus der Mühle, 1 Teel. mildes Currypulver, 1/2 Teel. Chinagewürz Dayong, 50 g Basmatireis, 0,5 l Gemüsefond, 1 Msp. Kurkuma (Gelbwurz), 1/2 getrocknete, zerstoßene Chilischote*
Garen im Ofen: *1 Teel. Puderzucker, je 100 g entkernte, gewürfelte gelbe und rote Tomaten (gelbe Tomaten beim Gemüsehändler vorbestellen), 3 Eßl. Olivenöl, 1 Eßl. gehackte Petersilie, 1 Eßl. gehacktes Basilikum, Salz, Pfeffer*
Dekoration: *gehacktes Koriandergrün*

Wurzelgemüse: In einer feuerfesten Kasserolle 0,1 l Wasser und Würfelzucker erhitzen, karamelisieren lassen. Mit Weinessig ablöschen, auf die Hälfte einköcheln. Olivenöl einrühren. Möhren, Petersilienwurzel, Knoblauch zugeben. Salzen und pfeffern, unter Rühren glasieren.
Zwiebeln: Zwiebeln schälen, Wurzelansatz entfernen. Einen 2 cm hohen Deckel abschneiden. Zwiebeln mit einem Kugelausstecher aushöhlen, dabei einen 1/2 cm dicken Rand stehen lassen. Ausgehöhltes Zwiebelinnere fein hacken. Salzwasser zum Kochen bringen. Ausgehöhlte Zwiebeln darin 5 Minuten kochen. Zwiebeldeckel zufügen, weitere 2 Minuten kochen. Beides mit einem Schaumlöffel herausnehmen, in kaltes Wasser legen.
Füllung: Butter in einem Topf zerlassen, das gehackte Zwiebelinnere darin farblos anschwitzen. Mandelstifte und Rosinen zufügen. Mit Salz, Pfeffer, Curry und Chinagewürz abschmecken. Bei niedriger Hitze unter Rühren 20 Minuten dünsten, die Zwiebeln sollten weich werden. Basmatireis unterrühren, nach und nach 0,3 l Gemüsefond angießen, 12–15 Minuten köcheln lassen. Kurkuma und Chilischote zufügen, abschmecken. Etwas abkühlen lassen.
Garen im Ofen: Ausgehöhlte Zwiebeln abtropfen lassen, in die Kasserolle auf das Gemüsebett setzen. Mit der Reismischung füllen. Zwiebeldeckel auflegen. Mit Puderzucker bestäuben. Tomatenwürfel rundum verteilen. Olivenöl mit Petersilie, Basilikum, Salz und Pfeffer mischen, auf dem Gemüse verteilen. 0,15 l Gemüsefond zugießen. Gefüllte Zwiebeln im Backofen bei 175 Grad 45–50 Minuten garen. Eventuell etwas Fond nachgießen, das Gemüse sollte nicht trocken werden.

Anrichten:
Aus der Form portionsweise auf Teller geben, mit Koriandergrün bestreuen.

Weintip:
• 1996er Château Carras, Côte de Meliton, Chalkidike, Griechenland
•• 1993er Côte-Rôtie Brune et Blonde, Étienne Guigal, Rhône, Frankreich

Zwiebel-Orangen-Salat

mit Fenchel, Feta-Käse und Minze

Schwierigkeitsgrad: leicht
Zubereitungszeit: 30 Minuten

Zutaten für 4 Personen:

Vinaigrette: *Saft von 1 Orange, Salz, Pfeffer, 1/2 Teel. Puderzucker, 1/2 Teel. Moutarde de Meaux (frz. Senf), 2 Eßl. Apfelessig, 8 Eßl. Olivenöl*

Orangensalat: *2 Orangen (je gut 200 g), 300 g in feine Scheiben geschnittener Fenchel, Saft von 1/2 Zitrone, Salz, Pfeffer, 100 g Feta-Käse, 50 g untere Abschnitte von roten Frühlingszwiebeln, 120 g weiße, milde, süßliche Zwiebeln*

Dekoration: *40 g schwarze Oliven, Fenchelgrün, Minze*

Vinaigrette: Orangensaft, Salz, Pfeffer, Puderzucker, Senf und Essig gut vermischen. Olivenöl nach und nach einrühren.

Orangensalat: Von den Orangen an Blüten- und Stielansatz jeweils einen Deckel abschneiden. Früchte schälen und dabei auch die weiße Innenhaut entfernen, quer in dünne Scheiben schneiden. In eine Schüssel füllen. Fenchelscheiben nebeneinanderlegen, mit Zitronensaft beträufeln, salzen und pfeffern. Mit den Orangenscheiben vermischen, kurz ziehen lassen. Mit 1–2 Eßl. Vinaigrette beträufeln und nochmals ziehen lassen. Feta-Käse zerbröckeln. Frühlingszwiebeln längs in Scheiben schneiden. Weiße Zwiebeln schälen, in feine Ringe schneiden.

Anrichten:

Orangen, Fenchel, Zwiebeln, Käse und Oliven auf vier Tellern anrichten. Mit restlicher Vinaigrette beträufeln. Mit Fenchelgrün und Minze garnieren.

Weintip:

○ Crémant de Bourgogne Bartnicki, Domaine des Molesmes, Villers Patras, Burgund, Frankreich
○○ 1995er Chassagne-Montrachet „Les Caillerets", Domaine Ramonet, Burgund, Frankreich

Junge Zwiebeln sind noch mild und sogar roh
im sommerlichen Salat ein Genuß

Fenchel und Minze machen diese Komposition so erfrischend. Lauchzwiebeln mit dicker Knolle sind für Salate sehr gut geeignet, weil sie schöne Scheiben ergeben. Das Grün der Lauchzwiebeln großzügig wegschneiden. Anstelle der Orangen schmecken in dieser Mischung auch Roségrapefruits oder Stücke von der Wassermelone, mit etwas frischem Limettensaft beträufelt

Zwiebeln

Sensationell einfach – und sensationell gut: Große Gemüsezwiebeln werden auf einem Salzbett im Ofen gegart, dann ausgehöhlt. Hinein kommt ein Püree aus karamelisierten Zwiebeln, Sahne und feingehackten Trüffeln. Witzigmann hobelt zum Schluß noch mehr Trüffelspäne darüber und träufelt Butter auf

Gefüllte Zwiebeln

mit Sommertrüffeln

Schwierigkeitsgrad: mittelschwer
Zubereitungszeit: 1 ½ Stunden

Zutaten für 4 Personen:
Zwiebeln: *500 g grobes Meersalz, 4 Gemüsezwiebeln (je 120 g)*
Füllung: *4 Eßl. Butter, 500 g milde, weiße in feine Scheiben geschnittene Zwiebeln, Salz, ½ Teel. Puderzucker, 0,2 l Gemüsefond, 100 g Sahne, frisch geriebene Muskatnuß, 40 g gesäuberte Sommertrüffeln oder andere Trüffeln der Saison*
Anrichten: *2 Eßl. gebräunte flüssige Butter (Nußbutter)*

Zwiebeln: Den Boden einer großen Eisenpfanne mit Meersalz bedecken. Wurzelansatz der Zwiebeln abschneiden. Ungeschält auf das Salz stellen. Im Ofen bei 180 Grad 60 Minuten garen. Gemüsezwiebeln aus dem Ofen nehmen. Einen Deckel abschneiden, Zwiebeln etwas aushöhlen. Ausgehöhltes Zwiebelinnere sehr fein hacken.
Füllung: Butter in einem Topf zerlassen. Zwiebelscheiben zufügen. Salzen, mit Puderzucker bestäuben. Bei niedriger Hitze farblos etwa 10 Minuten dünsten. Gemüsefond in 3 Portionen zugießen, jedesmal einkochen lassen. Weitere 15 Minuten garen. Sahne angießen, etwas einkochen lassen. Mit Salz und Muskat würzen. Mit einem Mixstab pürieren. 10 g Trüffeln fein hacken, zum Zwiebelpüree geben. Unter Rühren etwa 10 Minuten einkochen, bis sich eine cremige Konsistenz ergibt.

Anrichten:
Das gehackte Zwiebelinnere unter das Zwiebelgemüse mischen und die Creme in die Zwiebeln füllen. Restliche Trüffeln auf die Zwiebeln hobeln. Mit Nußbutter beträufeln und servieren.

Tip:
Ein Drittel des Zwiebelgemüses durch Kartoffelpüree ersetzen, die Füllung wird dadurch sämiger. Die Trüffelscheiben können auch in der Nußbutter erwärmt und dann zugegeben werden.

Weintip:
○ 1996er Irouléguy, Domaine Brana, St-Jean-Pied-de-Port, Südwest-Frankreich
○○ 1988er Clos de la Coulée de Serrant, Nicolas Joly, Château de La Roche-aux-Moines, Savennières, Anjou-Saumur, Frankreich

Bohnen-Allerlei,

mit Dill parfümiert

Schwierigkeitsgrad: leicht
Zubereitungszeit: 45 Minuten

Zutaten für 4 Personen:
120 g frische Feuerbohnenkerne, Salz, je 200 g geputzte Bobby-, Wachs-, Busch- und Stangenbohnen, 3 Zweige Bohnenkraut, 80 g Butter, 2 mittelgroße weiße Zwiebeln (in feine Ringe geschnitten), 2 in feine Scheiben geschnittene Knoblauchzehen, Pfeffer aus der Mühle, frisch geriebene Muskatnuß, 0,15 l Gemüsefond, 1/2 EßI. Dillessig, 3 EßI. feingehackter Dill, 80 g geräucherter, durchwachsener Speck (in feine Würfel geschnitten), 2 EßI. Pflanzenöl, 400 g festkochende Pellkartoffeln (geschält und in Scheiben geschnitten)
Dekoration: *Dillspitzen*

Die Feuerbohnenkerne in leicht gesalzenem Wasser etwa 30 Minuten weich kochen und kalt abschrecken. Bohnenkerne häuten. Bobby-, Wachs- und Buschbohnen je nach Größe halbieren oder dritteln. Stangenbohnen waschen, putzen und schräg in etwa 2 cm große Stücke schneiden. Wasser mit Salz und Bohnenkraut zum Kochen bringen. Die rohen Bohnen hineingeben und 10 Minuten kochen. Wasser abgießen, Bohnenkraut entfernen.
30 g Butter in einem Topf erhitzen. Zwiebeln und Knoblauch zufügen und glasig anschwitzen. Alle Bohnenschoten hineingeben, mit Salz, Pfeffer und Muskat würzen und vorsichtig schwenken. Gemüsefond angießen, 6 bis 8 Minuten köcheln lassen. Restliche Butter (50 g) in Stückchen nach und nach unterrühren, mit Dillessig abschmecken. Gehackten Dill und Feuerbohnenkerne einstreuen, untermischen und weitere 2 Minuten köcheln lassen. Nochmals abschmecken. Speckwürfel in Öl knusprig braten, herausnehmen und auf Küchenkrepp abtropfen lassen. Kartoffelscheiben in die Pfanne geben. Von beiden Seiten 5 Minuten braten, zum Schluß den Speck wieder untermischen. Mit Salz und Pfeffer abschmecken.

Anrichten:
Das Bohnen-Allerlei auf vorgewärmte Teller geben, mit Bratkartoffeln anrichten und abgezupfte Dillspitzen aufstreuen.

Tip:
Das Gemüse läßt sich gut mit gepökelter, gekochter Rinderbrust, Schweine- oder Lammbraten oder mit gepökeltem, gekochtem Schweinefleisch kombinieren.

Weintip:
- 1996er Rosso di Montalcino, Salvioni La Cerbaiola, Toskana
- ●● 1996er Chambolle-Musigny Premier cru „Les Sentiers", Robert Groffier, Burgund, Frankreich

Eckart Witzigmann empfiehlt, bei der Zubereitung von Bohnen auch das aromatische Bohnenkraut, das jetzt frisch auf den Märkten ist, jeweils mitzugaren. Als ideale Ergänzung zu Bohnen ist noch ein Kraut gewachsen – der Dill. Für dieses Rezept wird er kurz vor Ende der Garzeit fein gehackt unters Allerlei gerührt. Auf einem Teller sind Feuerbohnenkerne, gelbe Wachs-, grüne Stangen-, Busch- und Bobbybohnen; sie haben Hülsen ohne Fäden und enthalten mehr Samen als andere grüne Sorten. Zum Allerlei paßt die deftige Würze von gebratenem Speck

Ein tiefer Teller für eine sommerliche Hauptmahlzeit: Dieser bunte Salat ist artverwandt mit der klassischen südfranzösischen salade niçoise. Kapern, Sardellenfilets, Oliven, Stangensellerie und Fenchel setzen in der Mischung rund um die zierlichen Keniabohnen pikante Akzente. Der Koch legt Eierhälften, Pellkartoffeln und im eigenen Saft eingelegten Thunfisch dazu

Bohnensalat

mit Pellkartoffeln und Thunfisch

Schwierigkeitsgrad: leicht
Zubereitungszeit: 45 Minuten

Zutaten für 4 Personen:
*Salz, 1 Zweig Bohnenkraut,
200 g geputzte Keniabohnen,
2 1/2 Eßl. Balsamessig,
1 Teel. Dijon-Senf, schwarzer Pfeffer, 50 g gewürfelte weiße Zwiebeln, 4 Eßl. Olivenöl,
200 g warme Pellkartoffeln,
2 Eßl. Pflanzenöl, 1 Eßl. Obstessig, je 100 g geputzte rote und gelbe Paprikaschoten, 30 g geputzte und kleingeschnittene Frühlingszwiebeln, 1 in feine Scheiben geschnittene Knoblauchzehe,
1 geputzte Fenchelknolle (100 g),
1/2 Teel. Zitronensaft,
100 g geschälte Salatgurke,
8 entsteinte schwarze Oliven,
1 Eßl. Kapern, 200 g Tomaten (enthäutet, entkernt und geviertelt),
1 Kopfsalatherz, 4 Sardellenfilets in Olivenöl, 2 abgepellte und halbierte hartgekochte Eier, 120 g zerpflückter Thunfisch aus der Dose (in Lake, nicht in Öl), geschroteter schwarzer Pfeffer, 1 Stangensellerieherz mit Grün, je 1 Eßl. glatte Petersilien-, Estragon- und Basilikumblättchen, etwas Rucola*

Salzwasser mit Bohnenkraut zum Kochen bringen. Keniabohnen zufügen, 10 Minuten garen. In Eiswasser abschrecken, auf einem Sieb gut abtropfen lassen.
2 Eßl. Balsamessig mit Senf, Salz und Pfeffer verrühren. Zwiebel zufügen, 2 Eßl. Olivenöl unterrühren. Bohnen hineingeben, mischen, kurz ziehen lassen. Kartoffeln pellen, in dünne Scheiben schneiden. Pflanzenöl mit Obstessig, Salz und Pfeffer mischen. Kartoffelscheiben vorsichtig unterheben.
Mit einem Sparschäler die Paprikaschoten dünn schälen. Paprika in Stücke schneiden und mit den Frühlingszwiebeln, dem Knoblauch sowie den restlichen 2 Eßl. Olivenöl und dem verbliebenen 1/2 Eßl. Balsamessig mischen.
Fenchel in sehr feine Scheiben schneiden, zum Paprika geben, mit Zitronensaft beträufeln. Gurke längs halbieren. Kerne mit einem Löffel herausschaben, die Hälften quer in dünne Scheiben schneiden und auf den Fenchel legen. Salzen und pfeffern.
4 Oliven würfeln, mit Kapern und Tomaten zur Gurken-Paprika-Mischung geben. Die einzelnen Blätter des Kopfsalats kommen nun in die Schüssel. Die Keniabohnen samt Dressing darauf verteilen, schließlich die marinierten Kartoffelscheiben auflegen. Sardellenfilets, Eier, Thunfisch, restliche 4 Oliven und geschroteten Pfeffer darübergeben. Stangensellerie würfeln, mit den gezupften Sellerieblättchen, den ganzen Petersilien-, Estragon- und Basilikumblättchen und Rucola in die Schüssel geben. Vorsichtig mischen.

Anrichten:
Den Salat auf große, tiefe Teller heben.

Tips:
Frischen Thunfisch exotisch würzen: in Curry, Ingwer, Sojasauce und Limettensaft kurz marinieren, dann in zerstoßenem Szechuanpfeffer wälzen. Von beiden Seiten scharf anbraten oder grillen. In Scheiben schneiden und lauwarm auf dem Salat anrichten. Auch geeignet: Hühnerbrust.

Weintip:
● 1997er Pétale de Rose, Château la Tour de l'Évêque, Côtes de Provence, Frankreich
○○ 1997er Kellerberg Grüner Veltliner Smaragd, F. X. Pichler, Oberloiben, Wachau, Österreich

Salat von Keniabohnen

im Tomatenrondell

Schwierigkeitsgrad: leicht
Zubereitungszeit: 35 Minuten

Zutaten für 4 Personen:
*Salz, je 2 Zweige Thymian und Rosmarin, 2 zerdrückte Knoblauchzehen, 600 g Keniabohnen,
2 Eßl. Balsamessig,
2 Eßl. Obstessig, 2 Teel. mittelscharfer Senf, schwarzer Pfeffer aus der Mühle, 80 g weiße Lauchzwiebeln, halbiert und in feine Scheiben geschnitten,
6 Eßl. Olivenöl, 2 Teel. feingehackter Estragon, 1 kg kleine Tomaten,
4 Kopfsalatherzen, 120 g geputzte, kleine weiße Champignons,*
Dekoration: *Petersilien- und Estragonblättchen*

In einem Topf Salzwasser mit Thymian, Rosmarin und Knoblauch zum Kochen bringen. Keniabohnen waschen, Enden abschneiden, ins kochende Wasser legen und etwa 10 Minuten garen. Gewürze entfernen, Bohnen in Eiswasser abschrecken, in einem Sieb abtropfen lassen.
Essigsorten mit Senf, Salz und Pfeffer so lange verrühren, bis sich das Salz aufgelöst hat. Lauchzwiebeln dazugeben, Olivenöl und Estragon einrühren. Keniabohnen in das Dressing geben, gut mischen. Tomaten blanchieren, abschrecken, häuten, vierteln. Kerne entfernen.
Salatherzen in einzelne Blätter zerteilen, waschen, gut abtropfen lassen.

Anrichten:
Tomaten auf flachen Tellern als Kranz anrichten. Kopfsalatblätter in der Mitte der Kränze auslegen, darauf die Bohnen mit dem Estragondressing geben. Champignons gleichmäßig mit einem Trüffelhobel darüberhobeln. Mit Petersilien- und Estragonblättchen verzieren.

Tip:
Zu diesem Salat machen sich auch gekochte Artischockenböden gut, gehobelte Trüffeln, Entenstopfleberparfait oder gebratene Masthuhnleber, aber auch Krebsschwänze und alle anderen Krustentiere.

Weintip:
○ 1997er Winninger Uhlen Riesling QbA trocken, Heymann-Löwenstein, Mosel-Saar-Ruwer
○○ 1997er Iphöfer Julius-Echter-Berg Scheurebe Spätlese trocken, Johann Ruck, Franken

Ein Klassiker aus der Küche von Paul Bocuse
ist Vorbild für dieses kleine Meisterwerk

„Bei Bocuse in der Küche mußten wir grüne Bohnen für seine salade gourmande halbieren, in reichlich Salzwasser kochen und in Eiswasser abschrecken, damit sie schön grün bleiben", erinnert sich Witzigmann, der während seiner Lehr- und Wanderjahre auch bei Frankreichs Starkoch in Collonges-au-Mont-d'Or bei Lyon ein Jahr Station machte. Auf dem Kranz aus gehäuteten Tomaten sind Herzblätter vom Kopfsalat, zarte Keniabohnen und fein gehobelte Champignons angerichtet

Rote Bete

mit weißen Rübchen und Gnocchi

Schwierigkeitsgrad: leicht
Zubereitungszeit: 1 Stunde

Zutaten für 4 Personen:

Weiße Rübchen: *400 g kleine weiße Rübchen (am besten Mairübchen), 2 Thymianzweige, 40 Butter, Salz*
Gnocchi: *90 g Weizenmehl Type 405, 80–90 g geschälte, gekochte, mehlige Kartoffeln, noch lauwarm, 170 g Ricotta, 1 kleines Ei (etwa 40 g), frisch geriebener Muskat, Pfeffer aus der Mühle, 1 Teel. Puderzucker, 1 Eßl. Olivenöl, 40 g Butter*
Rote Bete: *120 g gekochte, geschälte, junge rote Beten, 40 g Butter, 1 gehäufter Teel. Orangenmarmelade, 1 Teel. Himbeeressig*
Anrichten: *40 g gebräunte Butter, 20 g gehobelter Parmesan*

Aus mehligen Kartoffeln und Ricotta knetet der Koch den Teig für Gnocchi, denen er mit Gabelzinken ein Muster aufdrückt. Die weißen Rübchen brät er mit Puderzucker in Butter hellbraun, mit Orangenmarmelade glasiert er die roten Beten. Nach dem Kochen werden die Gnocchi gebraten, mit den Rüben vermischt und mit Parmesan bestreut

Weiße Rübchen: Die Rübchen schälen, mit einem Thymianzweig 5 Minuten in Salzwasser kochen. Herausnehmen und in Eiswasser legen, so bleiben sie weiß und glatt. Die Butter in einer Kasserolle erhitzen. Die abgetropften Rübchen zugeben, salzen, pfeffern. Den zweiten Thymianzweig einlegen, alles anschwitzen. Mit Puderzucker bestäuben, unter ständigem Wenden hellbraun braten. 0,2 l Wasser dazugeben und zugedeckt 15–20 Minuten köcheln lassen, bis die Sauce leicht dickflüssig ist (es sollten 5 Eßl. Flüssigkeit übrigbleiben). Erneut abschmecken.

Gnocchi: Etwas Mehl auf eine Arbeitsfläche streuen. Kartoffeln und Ricotta durch eine Kartoffelpresse auf das Mehl drücken. Ei, Salz und Muskat hineingeben. 75 g Mehl darüberstreuen. Mit den Händen zu einem glatten Teig verarbeiten. Etwa 15 Minuten ruhen lassen. Den Teig teilen und zu zwei Strängen von je 2 cm Durchmesser rollen. Mit dem restlichen Mehl bestäuben. Stücke von etwa 1 cm Länge abschneiden und mit der Gabelspitze ein Muster eindrücken. Die Gnocchi portionsweise in einen Topf mit sprudelnd kochendem Salzwasser geben. Hitze reduzieren, die Gnocchi gar ziehen lassen. Sobald sie an die Oberfläche steigen, herausnehmen und in kaltes Wasser legen, damit sie nicht zusammenkleben. Das Olivenöl und Butter in einer Pfanne zerlassen, die gut abgetropften Gnocchi zugeben. Rundherum anbraten.

Rote Bete: Die Rote-Bete-Knollen achteln. Die Butter in einer Kasserolle erhitzen, rote Bete zufügen, durchschwenken, salzen, pfeffern. Orangenmarmelade und Himbeeressig zugeben. So lange schwenken, bis die Marmelade geschmolzen ist. Abschmecken.

Anrichten:

Auf vorgewärmten Tellern weiße Rübchen, Gnocchi und rote Beten anrichten. Mit Butter beträufeln und mit gehobeltem Parmesan bestreuen. Sofort servieren.

Weintips:

- 1996er Gigondas Château de Sainte-Cosme, Vacqueyras, Côtes du Rhône, Frankreich
- • 1994er Roda I Reserva, Bodegas Roda, Rioja, Spanien

Gelee von roter Bete

mit Crème fraîche und Kaviar

Schwierigkeitsgrad: leicht
Zubereitungszeit: 30 Minuten,
außerdem 2 Stunden Gelierzeit

Zutaten für 4 Personen:
½ l kräftige Geflügel- oder Rinderbrühe (mit Kalbsfuß angesetzt), 6 Blatt weiße Gelatine (insgesamt 12 g), Salz, 1 Prise Cayennepfeffer, 80 g gekochte, geschälte, junge rote Beten, 4 Eßl. Crème fraîche, etwa 100 g Sevruga-Kaviar,
Dekoration: *Stangensellerie und frische Kräuter wie Dill und Schnittlauch*

Zubereitung:
Brühe in einem Topf erwärmen. Gelatine in kaltem Wasser einweichen, ausdrücken und in die Brühe geben. Gut durchrühren, mit Salz und Cayennepfeffer abschmecken. Die roten Beten in sehr kleine Würfel schneiden, in die Brühe geben. Den Topf in Eiswasser stellen und bis kurz vor dem Gelieren abkühlen lassen. Das Gelee in vier Rotweingläser füllen und fest werden lassen (etwa 2 Stunden).

Anrichten:
Das Gelee mit Crème fraîche und Kaviar garnieren. Mit Stangensellerie und den Kräutern verzieren.

Weintips:
• 1997er Gran Caus Merlot Rosé, Can Rafols dels Cavs, Penedès, Spanien
•• 1985er Champagne Cuvée Dom Pérignon Rosé, Hautvillers, Champagne, Frankreich

Eckart Witzigmann betont, daß das Gelee mit einer kräftigen Brühe, die obendrein sehr gut geliert, am besten gelingt. Zum Gelieren füllt er die Masse in bauchige Rotweingläser oder flache Suppenteller. Ein Klecks Crème fraîche und ein Löffel Kaviar sind die Krönung

Das weinrote Gelee gehörte zu
Witzigmanns Spezialitäten
im Münchner Restaurant „Tantris"

Rote-Bete-Salat
mit frischem Meerrettich

Schwierigkeitsgrad: leicht
Zubereitungszeit: 1 1/2 Stunden

Zutaten für 4 Personen:
Rote-Bete-Salat: *500 g junge rote Beten, Salz, Pfeffer aus der Mühle, 1 Teel. Zucker, 1 Eßl. Kümmel, 2 Eßl. Apfelessig*
Apfel-Sellerie-Füllung:
70 g geschälter Knollensellerie, 1 1/2 Eßl. Zitronensaft, 30 g Stangensellerie, Salz, 1 feinsäuerlicher Apfel (am besten Granny Smith), 2 Eßl. Mayonnaise
Vinaigrette: *6 Eßl. Apfelessig, 8 Eßl. Sonnenblumenöl, 1 Teel. Zucker, 40 g feingehackte Frühlingszwiebeln,*
Dekoration: *1/2 Bund Schnittlauch, 1 Eßl. grob gehackter Dill, 15 g frischer Meerrettich*

Rote-Bete-Salat: Die Rote-Bete-Knollen gründlich waschen. In einen Topf geben, mit Wasser bedecken. Salz, Zucker, Kümmel, Apfelessig hinzufügen. Aufkochen lassen, Hitze reduzieren, zugedeckt etwa 30 Minuten kochen. Im Sud erkalten lassen. Die Knollen schälen, vier beiseite legen. Restliche Knollen mit einer Gabel festhalten, in dünne Scheiben schneiden.

Apfel-Sellerie-Füllung: Den Knollensellerie fein würfeln. In eine Schüssel geben, mit Zitronensaft beträufeln. In kochendem Salzwasser 2–3 Minuten blanchieren. Über einem Sieb abgießen, erkalten lassen. Den Stangensellerie putzen, fein würfeln. Knollen- und Stangensellerie in eine Schüssel geben. Apfel schälen, entkernen und fein würfeln, mit Zitronensaft beträufeln, zum Sellerie geben. Mayonnaise untermischen, salzen. Den restlichen Zitronensaft (etwa 1/2 Eßl.) zufügen, verrühren.

Vinaigrette: Aus Apfelessig, Zucker, Salz und Öl eine Vinaigrette aufschlagen. Frühlingszwiebeln zufügen. Alles gut verrühren und beiseite stellen.

Anrichten:
Rote-Bete-Scheiben auf ein Messer schieben und überlappend im Kreis auf vier Tellern wie ein Carpaccio anrichten. Mit Salz und Pfeffer würzen, mit Vinaigrette beträufeln. Die übrigen Knollen mit einem Kugelausstecher aushöhlen, in der Vinaigrette wenden und in die Mitte eines jeden Tellers setzen. Apfel-Sellerie-Mischung in die ausgehöhlten Knollen füllen. Die Teller mit Schnittlauchstengeln, Dill und kleingehacktem Meerrettich garnieren. Einige Meerrettichspäne auf den Tellerrändern verteilen.

Weintips:
● 1995er Lezcano, Bodegas y Viñedos Lezcano, Cigales, Valladolid, Spanien
●● 1993er Pinot nero Noir, Tenuta Mazzolino, Corvino S. Quirico, Lombardei, Italien

Hier sollte sich niemand die Hände schmutzig machen: Nichts färbt in der Küche so nachhaltig wie rote Bete, auch Witzigmann arbeitet mit Gummihandschuhen und Klarsichtfolie zum Schutz der Arbeitsflächen. Den Salat richtet er wie ein Carpaccio an, beträufelt ihn mit Vinaigrette und setzt eine ausgehöhlte Bete mit Selleriemayonnaise dazu

Gratin von Tomaten

mit Pfifferlingen und Lauch

Schwierigkeitsgrad: leicht
Zubereitungszeit: 1 Stunde

Zutaten für 4 Personen:

4 Lauchstangen (etwa 700 g), Salz, 6 Eßl. Olivenöl, 3 geschälte, halbierte und mit einem Messer zerdrückte Knoblauchzehen, 3 Eßl. feingehackte weiße Teile von Lauchzwiebeln, 1 Stück Würfelzucker, 600 g gehäutete, entkernte und gewürfelte Flaschentomaten, 1 Bouquet garni (Grün der Lauchzwiebeln, je 1 Zweig Thymian und Petersilie, 1 Lorbeerblatt), Pfeffer aus der Mühle, 220 g geputzte Pfifferlinge, 1 Eßl. gewürfelte weiße Zwiebel, frisch geriebene Muskatnuß, 1 Eßl. gehackte Petersilie, 3 Eßl. Weißbrotbrösel, 100 g gut gewässertes, in kleine Würfel geschnittenes Ochsenmark (evtl. blanchiert), 30 g frisch geriebener Parmesan

Lauch gründlich waschen, alle Sandreste zwischen den Blättern entfernen. Wurzelansatz und dunkelgrünen Teil abschneiden. Stangen in sprudelnd kochendem Salzwasser etwa 10 Minuten kochen. Kurz in Eiswasser legen, auf einem Küchentuch gut abtropfen lassen. Stangen am Wurzelansatz beginnend bis 3 cm vor dem anderen Ende halbieren. Eine feuerfeste Form mit 1 Eßl. Olivenöl ausfetten. Lauchstangen einlegen.
In einer Pfanne 3 Eßl. Olivenöl erhitzen. Knoblauch darin hellbraun braten. Lauchzwiebeln hineingeben, farblos anschwitzen. Würfelzucker und Tomaten zufügen, Bouquet garni einlegen. Mit Salz und Pfeffer würzen, 4–5 Minuten dünsten, dabei mehrmals durchschwenken. Bouquet garni wieder entfernen.
Pfifferlinge in 2–3 Minuten in restlichen 2 Eßl. Olivenöl anbraten, salzen. Zwiebelwürfel dazugeben, kurz mitbraten. Mit Muskat und Pfeffer würzen. Petersilie einstreuen, das Ganze 2–3 Minuten garen.

Ofen auf 200 Grad vorheizen. Lauchstangen pfeffern. Erst Pfifferlinge, dann Tomaten darauf verteilen. Mit der Hälfte der Brösel bestreuen. Mark ebenfalls dazugeben, mit restlichen Bröseln bestreuen. Parmesan aufstreuen. Im Backofen 30 Minuten überbacken.

Anrichten:

Auflaufform zur Selbstbedienung auf den Tisch stellen.

Tip:

Die Ofenform anstelle des Lauchs mit Zucchini oder Auberginen auslegen.

Weintip:

● 1996er Merlot Cuvée Alexandre, Casa Lapostolle, Las Condes, Santiago, Chile
●● 1995er Châteauneuf-du-Pape, Château Mont-Redon, Rhône, Frankreich

„Der Duft reifer Tomaten vom Strauch ist kaum zu übertreffen", schwärmt Witzigmann. Ideale Partner: gutes Olivenöl und Knoblauch. In diesem Gratin ist aber auch gewürfeltes Ochsenmark enthalten. Ehemalige Gäste der „Aubergine" kennen das Gericht – dort wurde es noch mit schwarzen Trüffeln veredelt

In den Mittelmeerländern sind grüne Tomaten viel populärer als in unseren Breiten. Eckart Witzigmann verwendet sie für Konfitüre, weil sie mehr Säure enthalten als rote Früchte. Das macht die Mischung pikanter. Mit im Topf sind Sherryessig, Lorbeer, Zitronenscheiben, Salz, Zucker und Koriandersamen

Konfitüre von grünen Tomaten

mit frischem Ziegenkäse

Schwierigkeitsgrad: leicht
Zubereitungszeit: 1 ½ Stunden

Zutaten für 3 Gläser, je 0,4 l Inhalt:
3 Eßl. Olivenöl, 200 g geschälte, dünn geschnittene weiße Zwiebeln, 1 kg geviertelte, vom Stielansatz befreite grüne Tomaten, 0,1 l Sherryessig (7 Prozent Säure), 1 Teel. im Mörser zerstoßene Koriandersamen, 1 in hauchdünne Scheiben geschnittene unbehandelte Zitrone, 4 Lorbeerblätter, 350 g Zucker, 1 Teel. Meersalz, Pfeffer aus der Mühle

Weitere Zutaten:
1 kleines Baguette, 7 Eßl. Olivenöl, Pfeffer aus der Mühle, 1 Eßl. Sherryessig (7 Prozent Säure), Salz, 250 g Ziegenfrischkäse, 120 g geviertelte, vom Stielansatz befreite grüne Tomaten

Olivenöl in einem Topf mit festem Boden erhitzen. Zwiebeln zufügen, glasig anschwitzen. Tomaten, Essig, Koriander, Zitronenscheiben, Lorbeerblätter, Zucker und Salz zufügen, leicht pfeffern. Aufkochen, Hitze reduzieren, etwa 1 Stunde köcheln lassen. Dabei mehrfach umrühren. Heiß in sterilisierte Gläser füllen, sofort verschließen, abkühlen lassen. Die Konfitüre ist im Kühlschrank mindestens 3 Monate haltbar.
Ofen auf 200 Grad vorheizen. Baguette schräg in dünne Scheiben schneiden. Mit etwa 4 Eßl. Olivenöl beträufeln, pfeffern. Auf ein Backblech legen, 5 Minuten im Ofen rösten. Beiseite stellen.

In einer Schüssel Essig mit Salz und Pfeffer verrühren, restliches Olivenöl (3 Eßl.) unterrühren, nochmals abschmecken.
Den Ziegenfrischkäse glattrühren.

Anrichten:
Auf jeden Teller eine Nocke Ziegenfrischkäse setzen. Tomatenkonfitüre darauf verteilen. Mit Tomatenvierteln garnieren und alles mit Vinaigrette beträufeln. Brotscheiben dazulegen.

Weintip:
• 1996er Ribera del Duero Tinto, Bodegas Arzuaga Navarro, Spanien
∘∘ 1997er Zieregg Sauvignon blanc, Manfred Tement, Berghausen, Steiermark, Österreich

Ideal als Mitbringsel und so vielseitig wie Chutney als süß-saure Raffinesse

Tomaten-Couscous
mit Zucchini, Okra und Aubergine

Schwierigkeitsgrad: leicht
Zubereitungszeit: 2 Stunden

Zutaten für 4 Personen:
Tomatensauce: 200 g gewürfelte weiße Zwiebeln, 1 halbierte Knoblauchknolle, 4 Lorbeerblätter, 6 Salbeiblätter, 6 Eßl. mild-fruchtiges griechisches Olivenöl, am besten aus Kreta, 1 kg reife, vom Stielansatz befreite und in kleine Stücke geschnittene Tomaten, 6 Stück Würfelzucker, 10 Gewürznelken, 1 Zimtstange, 1 Teel. Fenchelsamen, 1 Sternanis, 1 Teel. Curry, 1 Streifen von der Schale einer unbehandelten Zitrone, 2 entkernte Chilischoten, Meersalz, Pfeffer aus der Mühle, je 1 frischer Zweig Rosmarin, Thymian, Petersilie, Basilikum, 1 Dose geschälte Tomaten (Einwaage 400 g), 250 g abgezogene, entkernte und gewürfelte Tomaten
Couscous: 200 g Couscous, 0,15 l Gemüsefond oder Wasser, Salz, Pfeffer aus der Mühle, Saft von 1/2 Zitrone, 4 Eßl. Olivenöl, 2 Eßl. Zwiebelwürfel, 3 in feine Streifen geschnittene Pfefferminzblätter
Gemüse: 200 g schlanke Auberginen, 5 Eßl. Olivenöl, Salz, Pfeffer aus der Mühle, 300 g 15 cm lange und 2 cm breite Zucchinistifte, 100 g Okraschoten, 1 entkernte, in Streifen geschnittene Chilischote, 2 Eßl. gewürfelte grüne Teile von Lauchzwiebeln, Olivenöl und Minze zum Garnieren

Tomatensauce: Zwiebeln, Knoblauchknolle, Lorbeer- und Salbeiblätter in Olivenöl anschwitzen. Tomatenstücke und Würfelzucker zufügen, 4–5 Minuten mit anschwitzen. Nelken, Zimt, Fenchel, Sternanis, Curry, Zitronenschale, Chilischote, Salz, Pfeffer, Kräuter und geschälte Tomaten zufügen. Aufkochen, Hitze reduzieren, etwa 1 1/2 Stunden köcheln lassen. Durch ein feines Sieb passieren. Tomatenwürfel hineingeben. Weitere 20 Minuten köcheln lassen, abschmecken.
Couscous in eine Schüssel schütten, mit 5 Eßl. Fond verrühren, 20 Minuten quellen lassen. Restlichen Fond (5 Eßl.) unterrühren, weitere 40 Minuten quellen lassen, mehrfach umrühren. Mit Salz und Pfeffer würzen. Zitronensaft, Olivenöl, Zwiebeln und Minze einrühren, 10 Minuten ziehen lassen.
Gemüse: Blüten- und Stielansätze der Auberginen herausschneiden. Schälen. In 15 cm lange und 2 cm breite Stifte teilen. In heißes Olivenöl geben, 2–3 Minuten von allen Seiten anbraten, mit Salz und Pfeffer würzen. Herausnehmen und beiseite stellen. Zucchini in die Pfanne geben, 3–4 Minuten braten. Stiele der Okras entfernen, dabei den Stielansatz wie einen Bleistift spitz zuschneiden, damit die Schote geschlossen bleibt und keine Flüssigkeit austritt. Zu den Zucchini geben, 3 Minuten mitbraten. Chili, Lauchzwiebeln und die Auberginen zufügen, salzen, pfeffern, weitere 3–4 Minuten braten, abschmecken.

Anrichten:
Couscous auf einer Platte anhäufeln. Mit gebratenem Gemüse und Tomatensauce umkränzen. Olivenöl aufträufeln, mit Minzblättchen garnieren.

Weintips:
○ 1997er Morillon „Großnitzberg", Manfred Tement, Berghausen, Steiermark, Österreich
○○ 1997er Eitelsbacher Karthäuserhofberg Riesling Auslese trocken, Christoph Tyrell, Trier-Eitelsbach, Mosel-Saar-Ruwer

„Okraschoten sollte man ruhig kräftig würzen, sonst bleiben sie fad", rät Witzigmann. In seinem Couscous ist neben Chili eine Fülle von Gewürzen vereint, die ihm eine orientalische Note geben: Zimt, Sternanis, Nelken und Curry. An heißen Tagen ist das Gericht auch lauwarm erfrischend – etwa mit Koriandergrün oder Minze

Warenkunde
für den Sommer

Zucchini

Steckbrief:
Zucchino ist italienisch und bedeutet kleiner Flaschenkürbis. Die französische Bezeichnung *courgette* ist ebenfalls eine Verkleinerungsform: *Courge* heißt Schlangenkürbis. Tatsächlich handelt es sich bei Zucchini um unreife, jedoch genießbare Mark- oder Schlangenkürbisse. Ursprünglich stammen sie aus Süd- und Mittelamerika und werden aus Spanien, Italien und Frankreich das ganze Jahr über importiert. Deutsche Freilandzucchini kommen im Sommer und Herbst in den Handel.

Vom Markt in die Küche:
Die verschiedenen Sorten unterscheiden sich vor allem durch Form und Farbe: Es gibt längliche, schlanke und kleine, kugelrunde Exemplare, die meisten sind dunkelgrün, manche auch hellgrün oder kräftig gelb. Im Geschmack unterscheiden sie sich jedoch kaum – alle verfügen über ein an junge Gurken erinnerndes Aroma, das sich mit zahlreichen Gewürzen kombinieren läßt. Zugreifen, wenn die Zucchini noch klein sind: Bei größeren Exemplaren kann das Fruchtfleisch schwammig werden.

Was drin steckt:
Das kalorienarme Gemüse enthält eine gute Portion der Vitamine A und C sowie Kohlenhydrate und Calcium.

Zucchiniblüten

Steckbrief:
Die leuchtend gelben Blüten des Kürbisgewächses gibt es vom Frühsommer bis zum Herbst – aber nur erntefrisch sind sie ein Genuß. Sie werden überwiegend aus Italien importiert.

Vom Markt in die Küche:
Bei guten Gemüsehändlern hat der Kunde die Wahl zwischen weiblichen Blüten und den von einigen Gourmets bevorzugten männlichen Blüten auf fingerdicken Stengeln. Die gelben Kelche mit dem milden Kürbisaroma sind sehr zart und welken schnell. Sie sollten daher bald verarbeitet werden beziehungsweise erst kurz vor der Zubereitung abgeschnitten werden. Zucchiniblüten lassen sich dünsten und besonders gut fritieren: Auf raffinierte Weise gefüllt oder in einen Teigmantel gehüllt, sind sie in der modernen Küche zu neuen Ehren gekommen.

weiße Zwiebeln

Steckbrief:
Zwiebeln sind die meist unterirdisch wachsenden knollenförmigen Sprosse von Pflanzen aus der Familie der Lauchgewächse. Wegen ihrer antibiotischen Wirkung – unter anderem hemmt sie Entzündungen im Verdauungstrakt des Menschen – galt das aus dem Nahen Osten stammende Gemüse in vielen Kulturen als Heilpflanze. Neben Importen aus den wärmeren europäischen Regionen werden auch heimische Ernten angeboten. Zwiebeln haben das feinste Aroma im Sommer, je nach Sorte sind sie mild wie die Exemplare mit der zarten weißen Schale, scharf oder süßlich. Sie sind das ganze Jahr über erhältlich.

rote Zwiebeln

Vom Markt in die Küche:

Je stärker beim Schneiden einer Zwiebel die Augen tränen, desto frischer ist das Gemüse. Ältere Exemplare enthalten nur noch wenig Säfte und reizende Substanzen. Die Sprosse niemals unter fließendem Wasser schneiden (wie häufig empfohlen wird), weil dabei die aromatischen und gesundheitlich wertvollen ätherischen Öle ausgewaschen werden! Milde weiße Zwiebeln halten sich ungekühlt und gut belüftet etwa zwei Monate nach der Ernte, scharfe Gewürzzwiebeln bis zu acht Monaten. Sie sollten beim Einkauf ausgereift, prallfest sowie trocken sein und keine grünen Triebe haben. Das Universalgemüse eignet sich zum Braten, Dünsten und Kochen und vollendet roh in dünnen Ringen oder feinen Würfeln auch kalte Gerichte mit einer pikant-scharfen Note.

Was drin steckt:

Die gesundheitsfördernde Wirkung der kalorienarmen Zwiebel ist unbestritten: Sie enthält größere Mengen Kalium, Calcium und Phosphor, außerdem die Vitamine C und E sowie B-Vitamine. Das flüchtige Propanthial-S-Oxid macht die Zwiebel zum Problemfall: Es drückt beim Schneiden auf die Tränendrüsen.

Steckbrief:

Sie werden hauptsächlich in Italien angebaut und sind etwas milder und süßer als die Verwandtschaft mit der braunen Schale. Roh eignen sie sich besonders gut auf Broten, in Salaten oder als feine würzende Würfelchen auf warmen Gerichten. Marinaden profitieren zweifach: von ihrem Aroma und ihrer farbgebenden Wirkung. Rote Zwiebeln sind in Knollenform und als länglicher Typ erhältlich.

Gemüsezwiebeln

Steckbrief:

Gemüsezwiebeln sind wegen ihres mild-süßen Aromas begehrt und fallen durch ihr wuchtiges Kaliber ins Auge: Die größten Exemplare bringen ein halbes Pfund und mehr auf die Waage. Damit haben sie das Format für Hauptgerichte: Ausgehöhlt, mit Fleisch,- Fisch- oder Gemüsemischungen gefüllt und anschließend im Ofen gebacken, waren sie Mitte dieses Jahrhunderts vor allem bei amerikanischen Gourmets beliebt. Profiköche empfehlen, die ausgehöhlten Zwiebeln vor dem Füllen kurz zu blanchieren. Weltmeister in der Zucht hochwertiger Gemüsezwiebeln sind die Spanier.

Frühlingszwiebeln

Steckbrief:

Sehr jung geerntete kleine Zwiebeln werden ganzjährig als Frühlingszwiebeln oder unter der Bezeichnung Lauchzwiebeln angeboten. Die selteneren roten sind etwas milder als die überall erhältlichen weißen. Die Stangen werden immer mit ihrem grünen Laub verkauft: Fein gehackt und roh aufgestreut, verleihen diese Blätter Gemüsegerichten, pikanten Quarkmischungen und vor allem asiatischen Zubereitungen eine frische, schnittlauchähnliche Note. Die zarten, hellen Teile sollten erst am Ende der Garzeit zugefügt werden, damit ihr Aroma optimal zur Wirkung kommt. Haltbarkeit im Kühlschrank: bis zu sechs Tagen.

rote Bete

Steckbrief:
Die kompakte, stark rotfärbende Rübe wird von Kennern vor allem frisch zubereitet geschätzt. Der größte Teil der in den klimatisch gemäßigten Ländern Europas eingebrachten Ernten wird jedoch zu Sauerkonserven verarbeitet. Als Rohkost im Salat sowie als gegarte Zutat in gemischten Gemüsegerichten und Suppen genießt die rote Bete in der modernen amerikanischen Küche große Popularität.

Vom Markt in die Küche:
Das Gemüse mit dem erdig-herben, leicht säuerlichen Aroma läßt sich gut mit gekochten und gebratenen dunklen Fleischsorten und mit gebratenem Fisch kombinieren. Feste, unverletzte Knollen mit dunkelrotem Fleisch ohne hervortretende helle Ringe sollten beim Einkauf bevorzugt werden.

Was drin steckt:
Kalium, Magnesium, Calcium und Phosphor sowie B-Vitamine, Vitamin C und Niacin stärken die Abwehrkraft.

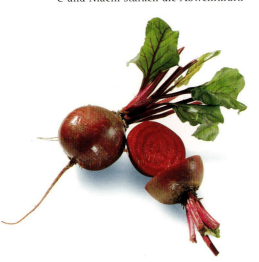

Möhren

Steckbrief:
Von Juni bis September kommt das orange leuchtende Gemüse jung als Bundmöhren mit Grün oder als sogenannte Waschmöhren ohne Kraut in der Handel. Zwischen beiden Angebotstypen gibt es keinen botanischen Unterschied, Feinschmecker bevorzugen jedoch das zartere und etwas süßere junge Gemüse. Wenn die frischen Ernten des Sommers verkauft sind, wird haltbare Lagerware vor allem aus Italien, Holland und Israel angeboten. Zur Überwinterung lege man die Möhren in feuchten Sand und stelle die Kiste in den Keller.

Vom Markt in die Küche:
Die Arten, Möhren zuzubereiten, sind allesamt klassisch: gekocht, gedünstet oder glasiert als Beilage, als Püree und roh als Salat. Oder als Saft mit einem Tropfen Öl, damit auch die fettlöslichen Vitamine vom Körper aufgenommen werden können. Das Grün der nur wenige Tage haltbaren Bundmöhren nach dem Einkauf sofort abschneiden – es entzieht dem Gemüse viel Feuchtigkeit, dann ist die appetitliche Knackigkeit schnell dahin. Waschmöhren können im Kühlschrank etwa vier Wochen aufbewahrt werden.

Was drin steckt:
Möhren enthalten in Form von Karotin mehr Provitamin A als jedes andere Gemüse. Minerale wie Kalium, Magnesium, Calcium, Phosphor und die Vitamine E und C sind ebenfalls reichlich vorhanden.

kleine Möhren

Steckbrief:
Möhren in rundlichen Miniformaten werden häufig als Karotten oder Pariser Karotten bezeichnet. Ein botanischer Unterschied zu den langen, schlanken Sorten besteht jedoch nicht. Die meist sehr jungen Karotten werden wegen ihres zarten Geschmacks geschätzt. Ihr zusätzlicher Vorteil bei der Zubereitung: Sie können ganz gelassen werden und setzen beim Anrichten Farbakzente. Ihre Kombinationsfreudigkeit mit Kräutern und Gewürzen kennt kaum Grenzen: Ihr Aroma harmoniert mit Basilikum, Dill, Estragon, Kresse, Koriander, Kerbel, Minze, Petersilie, Schnittlauch, Zucker und Pfeffer, aber auch mit Ingwer, Muskat und Zimt. Karotten eignen sich – wie zum Beispiel auch die langen Sorten Marktgärtner, rote Riesen und Rotherz – gut zum Tiefkühlen, sollten aber nach zehn Monaten verbraucht sein. Wichtig: vor dem Tiefkühlen küchenfertig putzen. Und vor der Zubereitung nicht auftauen lassen, sondern gefroren verarbeiten.

Tomaten

Steckbrief:
Viel Unsinn wurde bis zu Beginn dieses Jahrhunderts über das Nachtschattengewächs verbreitet: Die Tomate sei giftig, stimuliere die Wollust (daher auch die Bezeichnung Liebesapfel) und rieche übel. Tatsache ist: Die ursprünglich aus dem Andengebiet Perus stammenden Tomaten sind gesund, wecken durch die Vielzahl der Verarbeitungsmöglichkeiten die Phantasie guter Köche und regen mit ihrem würzigen Duft den Appetit an. Botaniker kennen mehrere hundert Sorten, doch nur wenige davon gelangen in den Handel. Schnittfeste Früchte mit nur wenigen inneren Rippen werden häufig als Fleischtomaten bezeichnet, solche mit vielen Segmenten als Suppentomaten. Die beliebten Strauchtomaten jedoch sind keine bestimmte Sorte: Sie werden nicht gepflückt, sondern mit dem Zweigansatz abgeschnitten und daran hängend verkauft. Beim Ablösen der roten Kugeln entfaltet sich an der Schnittstelle für kurze Zeit eine intensive Aromawolke, die aber keinen Hinweis auf die Qualität gibt.

Vom Markt in die Küche:
Nach Möglichkeit nur vollreif geerntete Exemplare einkaufen, sie sind saftig und aromatisch und verfügen über ein ausgeglichenes Verhältnis zwischen Süße und Säure. Unreif geerntete und nachgereifte Ware ist oft wäßrig und geschmacksarm. Für feine Suppen und Saucen sollte man die Tomaten passieren, bei Ragouts kann darauf verzichtet werden. Ob das Gemüse vor der Zubereitung gehäutet wird, hängt von der jeweiligen Sorte und Qualität ab: Ledrige Häute sollten entfernt werden, zarte zerfallen beim Kochen leichter und stören nicht beim Kauen. Grüne Stellen in jedem Fall herausschneiden, sie enthalten das gesundheitsschädliche Solanin.

Was drin steckt:
Sonnengereifte Tomaten vom Freiland enthalten mehr Mineralstoffe, darunter Kalium, Calcium und Phosphor, und Vitamine als nachgereifte Früchte oder Treibhausware. In der Schale steckt dreimal soviel Vitamin C wie im Fruchtfleisch.

Flaschentomaten

Steckbrief:
Die gestreckten birnen- oder pflaumenförmigen Sorten sind leicht schälbar und kommen aus Italien, Jugoslawien und Spanien wegen ihrer maschinellen Verarbeitungsfreundlichkeit vor allem in Dosen zu uns. Ihr vollaromatisches und fruchtiges Fleisch ist fest und enthält wenig Kerne, es kann etwas mehlig sein. Der Handel bietet Flaschentomaten während der Hauptreifezeit im Sommer auch frisch an. Schnittfeste und festfleischige Exemplare eignen sich für alle Zubereitungsarten.

gelbe Tomaten

Steckbrief:
Diese Neuzüchtung – es gibt die Typen Golden sunrise, Golden boy und Yellow perfection – wird in den Monaten Juli und August angeboten. Die noch seltene Sorte Tigrella ist rot-gelb gestreift. Gelbe Tomaten sind schnittfest, etwas süßlich und haben nur wenig Säure. Bei der Mengenberechnung für eine Suppe hilft folgende Faustformel: Für eine Person werden 0,3 l fertige Flüssigkeit kalkuliert, die sich aus 500 g Frischgemüse ergibt.

grüne Tomaten

Steckbrief:
Rote Tomaten sind während ihrer Reifungsphase zunächst kräftig grün, können aber schon zubereitet werden. Meist kommen sie gegen Ende der Freilandsaison auf den Markt, wenn sie sich bei nachlassender Sonnenkraft nicht mehr vollständig entwickeln können. Auf Bestellung sind sie jedoch jederzeit erhältlich. Grüne Tomaten sind sehr fest und können in Scheiben geschnitten, paniert und dann gebraten werden. Gut auch für Chutneys.

Buschbohnen

Steckbrief:
Besonders gute Exemplare gedeihen vor allem in den Gärten Niedersachsens und Schleswig-Holsteins. Sie wachsen an buschartigen Pflanzen, die im Gegensatz zu Stangenbohnen nicht gestützt werden müssen. Bei den Händlern überwiegen Importe aus Afrika, Ostasien und europäischen Anbauländern. Bohnen zählen zu den ältesten Kulturpflanzen überhaupt und spielen in fast allen Küchen der Welt eine bedeutende Rolle.

Vom Markt in die Küche:
Frische Bohnen enthalten den Eiweißstoff Phasin, der zu lebensbedrohlichen Vergiftungserscheinungen führen kann. Er wird jedoch beim Garen innerhalb von 10–15 Minuten abgebaut. Das Gemüse sollte daher niemals roh verzehrt werden.

Was drin steckt:
Frische Bohnen enthalten große Portionen Kalium, Magnesium, Calcium und Phosphor. Außerdem verfügen sie über eine gesunde Dosis Vitamin C und liefern weitere Vitamine in kleineren Portionen.

Stangenbohnen

Steckbrief:
Sie werden auch Kletterbohnen genannt, weil sich die Gartenpflanze in der Wachstumsphase mit ihren langen, dünnen Stengeln an stützenden Spalierstangen hochwindet. Hochwertige Stangenbohnen kommen aus deutschen Anbaugebieten in Baden-Württemberg, Nordrhein-Westfalen und dem Rheinland, außerdem aus Österreich und der Schweiz.

Vom Markt in die Küche:
Traditionell wird das Gemüse mit Bohnenkraut gewürzt. Es harmoniert auch mit Dill, Oregano, Thymian, Estragon und Koriander. Bohnen sollten beim Einkauf knackig und fest sein und keine braunen Stellen haben. Haltbarkeit im Kühlschrank: etwa zwei Tage.

Was drin steckt:
Das Aroma von vorgegarten Bohnen in Dosen – für Feinschmecker nur im Ausnahmefall eine Alternative – kann mit frischem Gemüse nicht mithalten. Der Anteil an Mineralstoffen und Vitaminen ist jedoch immer noch erfreulich hoch.

Bobbybohnen

Steckbrief:
Die fadenlosen grünen Bohnen mit dem runden Querschnitt sind sehr aromatisch. Vor der Zubereitung müssen sie sorgfältig geputzt werden: Spitzen oben und unten abschneiden. Bobbybohnen können zum Beispiel blanchiert, in Stücke geschnitten und mit anderen Zutaten zu einem Salat gemischt werden. Ganze Bohnen lassen sich für eine deftige Beilage portionsweise mit Speckstreifen umwickeln oder mit ausgepalten weißen Bohnen, Kräutern und Gewürzen zu einem rustikalen Eintopf kombinieren.

Feuerbohnen

Steckbrief:

Prunkbohne, türkische Bohne, Feuerbohne: Alle drei Bezeichnungen meinen dasselbe Stangengemüse. Die weiß-rot gesprenkelten Kerne stecken in robusten Hülsen und müssen ausgepalt werden. Sie zeichnen sich durch ein intensives Aroma aus und zerfallen beim Kochen. Deshalb sind sie die ideale Zutat in kräftigen Suppen und gehaltvollen Pürees. Feuerbohnen kommen überwiegend aus Mittelamerika, Mitteleuropa und aus der österreichischen Steiermark in den Handel.

Keniabohnen

Steckbrief:

Die kleinen, dunkelgrünen Importbohnen aus Afrika und Frankreich gehören zu den sogenannten Prinzeß- und Delikateßbohnen, der Oberklasse im Angebot frischer Sommerbohnen. Sie sind besonders fein, zart und fadenfrei, ihre dünnen Samen zergehen angenehm auf der Zunge. Stärkster Mitbewerber um die Gunst verwöhnter Feinschmecker sind die französischen Prinzeßbohnen, *haricots verts* – ihre Hülsen sind dünn wie Stricknadeln und enthalten keine Kerne.

Wachsbohnen

Steckbrief:

Bohnen werden in zwei Kategorien unterteilt: nach Pflanzenart in Busch- oder Stangengemüse und nach ihren Farben. Es gibt grüne, bläuliche und gelbe Hülsen, Wachsbohnen gehören in die letzte Gruppe. Sie sind sehr zart und sollten mit Vorsicht gegart werden, damit sie ihren Biß behalten. Mit gewürfelten milden Zwiebeln, Bohnenkraut und einer pikanten Vinaigrette lassen sie sich zu einem würzigen Bohnensalat verarbeiten.

Herbst

Artischocken, Kartoffeln, Fenchel, Blumenkohl, Pilze

Die Tage werden schon wieder kürzer,
die Farben der Natur gedämpfter.
Doch die Aromen der Saisongemüse
sind dafür um so kräftiger. Damit wächst
auch unser Appetit wieder auf Deftigeres

Artischockenböden

mit Gemüsepanaché

Schwierigkeitsgrad: mittelschwer
Zubereitungszeit: 1 ½ Stunden

Zutaten für 4 Personen:
Artischockenböden: *Saft von 2 ½ Zitronen, 10 Artischocken (jede etwa 150 g)*
Gemüsepanaché: *5 geschälte Knoblauchzehen, 8 Eßl. Olivenöl, 2 Prisen Safranfäden, 1 Teel. zerdrückte schwarze Pfefferkörner, 2 Teel. zerdrückte Koriandersamen, 150 g Blumenkohlröschen, Salz, 2 Lorbeerblätter, 1 rote Chilischote, 0,22 l Weißwein, 1 Msp. geriebener Muskat, 2 Bund (je 200 g) weiße Rüben mit Grün, 1 Prise Zucker, 1 Thymianzweig, 100 g geputzte grüne Bohnen, 200 g Tomaten, 100 g geschälte Möhren, 100 g geputzter Stangensellerie, 4 große, weiße geputzte Champignons, 150 g weiße Teile von geputzten Frühlingszwiebeln (je etwa 8 cm lang), ¼ Teel. Puderzucker, 1 Bouquet garni (Möhre und Petersilienwurzel)*
Dekoration: *1 Eßl. frische Korianderblättchen, einige Basilikumblätter*

Artischockenböden: 1 1/2 l Wasser mit dem Saft von 1 1/2 Zitronen mischen. Die Stiele der Artischocken unter den Blütenansätzen ausbrechen und die harten Fasern mit herausziehen. Alle Blätter entfernen, deren Ansätze und die harten Stellen an der Unterseite der Böden abschneiden. Die Heu genannten Fasern mit einem Kugelausstecher oder Teelöffel entfernen (siehe Anleitung Seite 92). Die Böden sofort mit dem restlichen Zitronensaft einreiben, damit sie nicht braun werden. Ins Zitronenwasser legen.

Gemüsepanaché: 2 Knoblauchzehen in 3 Eßl. Olivenöl anbraten. Vom Herd nehmen. 1 Prise Safran, 1/2 Teel. Pfefferkörner, 1 Teel. Koriandersamen und Blumenkohlröschen dazugeben. Salzen, 3–4 Minuten weiterbraten. 1 Lorbeerblatt, Chilischote einlegen. Mit 0,1 l Wein und 0,1 l Wasser ablöschen. Muskat einstreuen, aufkochen. Hitze reduzieren, 10 Minuten köcheln. Kohl im Fond beiseite stellen. Das Grün der weißen Rübchen bis auf die Herzblättchen entfernen, Rübchen schälen. 1 1/2 l Wasser mit Zucker, Salz und Thymian aufkochen. Rübchen einlegen, 5 Minuten kochen. Herausnehmen, in Eiswasser abschrecken, abtropfen lassen. Bohnen schräg halbieren oder dritteln. In Salzwasser blanchieren, in Eiswasser abschrecken, abtropfen lassen. Tomaten blanchieren, abschrecken, häuten, Kerne und Stielansatz entfernen. Möhren und Stangensellerie in 3 cm lange Stücke schneiden. Champignons vierteln.
3 Knoblauchzehen und Frühlingszwiebeln im restlichen erhitzten Olivenöl (5 Eßl.) kurz schwenken und mit Puderzucker bestäuben. Weiße Rübchen zugeben, 2 Minuten anschwitzen. Möhren und Stangensellerie zugeben, mit anschwitzen. Die Reste von Safran, Pfeffer und Koriandersamen zufügen, kurz mitbraten. Champignons, Bouquet garni und Artischockenböden in den Topf geben. Den restlichen Wein (0,12 l) und 0,1 l Wasser angießen. Salzen, übriges Lorbeerblatt einlegen. Mit Pergamentpapier abdecken. Aufkochen, Hitze reduzieren, 10 Minuten köcheln. Bohnen und Tomaten zugeben, das Pergament erneut auflegen. Weitere 8–10 Minuten köcheln. Blumenkohl aus dem Fond nehmen, dazugeben. Wieder mit Pergament abdecken, 2–3 Minuten köcheln. Blumenkohlfond um die Hälfte einkochen. Pergament entfernen, den Fond über das Gemüse gießen. Bouquet garni herausnehmen.

Anrichten:

Das Gemüse mit Koriander- und Basilikumblättchen verzieren. Lauwarm servieren. Dazu paßt frisches Weißbrot.

Weintip:

○ 1996er Gailinger Schloß Rheinburg Weißburgunder Kabinett trocken, Schloß Rheinburg, Bodensee, Baden
●● 1989er Merlot Reserva, Bodegas Magana, Navarra, Spanien

Weiße Rübchen blanchiert Witzigmann vorher, damit sie ihre Bitterstoffe verlieren und gleichzeitig gar werden mit den übrigen Zutaten: Lauchzwiebeln, Möhren, Blumenkohl, Bohnen, Tomaten, Sellerie, Champignons – und Artischockenböden. Safran, Lorbeer, Chili, Knoblauch, Muskat, Koriander und Basilikum geben diesem Gericht Würze und herrlichen Duft

Witzigmann zeigt, wie große Artischocken zerlegt werden: Stiel mit den zähen Fasern herausdrehen. Die harten äußeren Blätter abzupfen. Um an das Beste der imposanten Blüte zu kommen, die Spitzen der Blätter mit einem großen Messer knapp über dem Boden der Artischocke abschneiden, alle Blattansätze und harten Stellen abschälen. Das faserige Heu im Boden mit dem Kugelausstecher herausholen. Zitronensaft verhindert, daß sich die Böden verfärben. Bei den spitzen, kleinen Artischocken genügt es, nur den Stiel und die harten Blätter zu entfernen, dann ein Drittel der restlichen Blattspitzen abschneiden und die Artischocken halbieren (siehe Rezept unten)

Römersalat

mit Artischocken, Champignons und Parmesan

Schwierigkeitsgrad: leicht
Zubereitungszeit: 1 Stunde

Zutaten für 4 Personen:

Koriandermayonnaise: 1 Ei, $^1/_2$ Teel. Dijon-Senf, 4 Teel. Sahne, etwa 0,1 l Sonnenblumenöl, Salz, Pfeffer aus der Mühle, 1 Teel. Zitronensaft, 3 Eßl. gehackte frische Korianderblätter

Vinaigrette: 3 Eßl. Balsamessig, 1 Eßl. alter Rotweinessig, Salz, Pfeffer, 1 Prise Zucker, 8 Eßl. Olivenöl, 30 g sehr fein gehackte Schalotten, 1 Eßl. gehackte Petersilie

Salat: 500 g sehr junge, kleine Artischocken, 4 Eßl. Olivenöl, Salz, Pfeffer, 5 junge, kleine ungeschälte Knoblauchzehen, 1 Lorbeerblatt, Saft von 1 Zitrone, 4 Eßl. Olivenöl extra vergine, 1 große Artischocke (am besten aus der Bretagne, etwa 600 g), $^1/_2$ Zitrone, geputztes Herz eines Römersalatkopfes, 80 g weiße Champignons oder kleine, feste Steinpilze, geputzt, 30 g Parmesan

Koriandermayonnaise: Ei, Senf und Sahne im Mixer verquirlen, dabei das Öl in einem dünnen Strahl einfließen lassen. Alle Zutaten sollten die gleiche Temperatur haben. Wenn die Masse zu dick wird, einige Tropfen heißes Wasser einrühren. Mit Salz, Pfeffer, Zitronensaft und Koriander abschmecken. Kalt stellen.

Vinaigrette: Essigsorten, Salz, Pfeffer und Zucker gut vermischen, dann das Öl einrühren. Schalotten und Petersilie unterrühren.

Salat: Von den kleinen Artischocken die Stielansätze abschneiden. Die äußeren harten Blätter entfernen, $^1/_3$ der übrigen Blattspitzen abschneiden. Artischocken längs halbieren und in Olivenöl mit der Schnittfläche nach unten anbraten. Hitze reduzieren, 5 Minuten weiterbraten. Salzen, pfeffern. Die Knoblauchzehen und das Lorbeerblatt zufügen. Artischocken umdrehen, weitere 5 Minuten braten. Aus Zitronensaft, Olivenöl, Salz und Pfeffer eine Marinade anrühren. Den Stiel der großen Artischocke herausbrechen und dabei die harten Fasern mit aus dem Boden reißen. Zwei Drittel der Blätter dicht über dem Boden abschneiden und das Heu mit einem Kugelausstecher oder scharfkantigen Teelöffel aus dem Boden heben. Die restlichen Blätter, noch vorhandene Blattansätze und die harten Stellen an der Bodenunterseite entfernen.
Den Boden von allen Seiten mit Zitrone einreiben, anschließend in feine Scheiben schneiden und sofort in die Marinade legen. Römersalat auseinanderzupfen. Die Pilze in feine Scheiben schneiden.

Anrichten:

Gebratene Artischockenhälften und den marinierten Boden auf ausgelegten Salatblättern anrichten. Pilzscheiben zufügen. Vinaigrette und Koriandermayonnaise darüberträufeln. Mit Salz und Pfeffer würzen. Mit gehobelten Parmesanspänen verzieren.

Weintip:

○ 1996er Chablis petite, Jean-Paul Droin, Burgund, Frankreich
○○ 1996er Chardonnay „Le Bouge", Au Bon Climat, Santa Maria, Kalifornien, USA

Aufgeblätterte Artischocken

Schwierigkeitsgrad: leicht
Zubereitungszeit: 1 Stunde

Zutaten für 4 Personen:
Artischocken: *Saft von 2 Zitronen, 4 sehr große Artischocken (am besten aus der Bretagne), 8 Zitronenscheiben, Salz, 1 Eßl. Olivenöl*
Vinaigrette: *4 Eßl. Balsamessig, Salz, Pfeffer, 1 Prise Zucker, 8 Eßl. Olivenöl extra vergine, 30 g feingewürfelte Schalotten, grobes Meersalz*
Dekoration: *Zitronenviertel, frischer Kerbel*

Artischocken: 1 1/2 l Wasser mit dem Saft von 1 1/2 Zitronen mischen. Stiele der Artischocken herausbrechen und dabei die Fasern aus dem Blütenboden mit herausziehen. Die harten Blätter rund um den Stielansatz abbrechen. Die restlichen äußeren Blätter vollständig wegschneiden, bis die zarteren Innenblätter freiliegen. Blattspitzen etwas abschneiden und mit Zitronensaft einreiben. Jede Artischocke unten und oben mit einer Zitronenscheibe belegen, alles mit Küchengarn stramm zusammenbinden. Sofort in das Zitronenwasser legen, damit die Schnittstellen nicht anlaufen. Die Artischocken sollen vollständig bedeckt sein. 1 1/2–2 l Wasser mit Salz und Olivenöl aufkochen. Artischocken einlegen und mit einem Teller beschweren, der sie unter Wasser hält. So garen sie gleichmäßig. Kochflüssigkeit mit eingefetteten Pergamentpapier bedecken, in die Mitte ein Loch drücken. Wenn sich nach 40 Minuten die Blätter leicht abzupfen lassen, ist der Boden gar, sonst einige Minuten weitergaren. Herausnehmen. Nach dem Abtropfen Zitrone und Garn entfernen. Artischocken auf die Teller stellen, Blatt für Blatt seitlich aufklappen, so daß ein Kranz entsteht. Dann das Heu aus dem Boden zupfen.

Vinaigrette: Balsamessig, Salz, Pfeffer und Zucker vermischen, dann Olivenöl einrühren. Schalottenwürfel zugeben, durchrühren und ziehen lassen.

Anrichten:
Vinaigrette über die Artischocken träufeln. Mit Meersalz und Pfeffer würzen, mit Zitronenvierteln und Kerbelblättchen garnieren. Anstelle der Vinaigrette evtl. eine mit Zitronensaft pikant abgeschmeckte Sauce hollandaise dazu servieren.

Weintip:
○ 1997er Morillon Hochgrassnitzberg, Erich und Walter Polz, Südsteiermark, Österreich
○○ 1996er Pouilly-Fuissé Cuvée Hors Classe, Domaine Ferret, Burgund, Frankreich

Die Blütenköpfe dieser Distelart hat der Küchenchef ratzekahl geschnitten, übrig bleiben die zarten roten Herzblätter und der Boden der Blüten. Zitronenscheiben verhindern das unansehnliche Anlaufen der Schnittflächen. Nach dem Kochen wird die Artischocke einfach nur mit einer Vinaigrette und Kerbel serviert

Für diesen Klassiker mit Artischocke schnürt der Koch ein Päckchen

Kartoffel-Baumkuchen

mit Ragout von Shiitake-Pilzen

Schwierigkeitsgrad: leicht
Zubereitungszeit: 2 ½ Stunden

Zutaten für 4 Personen:
Kartoffel-Baumkuchen:
120 g Butter, 8 Eier, 350 g sehr weich gekochte und gut ausgedämpfte Pellkartoffeln, 80 g Mehl, 150 g Weizenstärke, Salz, frisch geriebener Muskat
Pilzragout: *300 g Shiitake-Pilze oder Waldpilze, 150 g Champignons, 60 g Schalotten, 40 g Butter, 4 Eßl. Weißwein, 100 g Weichkäse (z. B. Chaource), abgezupfte Blätter von 2 Petersilienzweigen, weißer Pfeffer aus der Mühle*
Kartoffelpüree: *400 g rohe, mehligkochende Kartoffeln, 30 g Butter, 5-6 Eßl. Milch, Salz, Pfeffer, frisch geriebener Muskat*
Zum Gratinieren: *20 g Parmesan*
Dekoration: *vier Petersilienzweige*

Kartoffel-Baumkuchen: Butter schaumig schlagen. Eier trennen. Eigelbe nach und nach unterrühren. Gekochte Kartoffeln pellen, durch eine Kartoffelpresse drücken, mit Mehl und Weizenstärke mischen. Unter die Butter-Eigelb-Masse heben, mit Salz und Muskat abschmecken. Eiweiß mit einer Prise Salz steif schlagen, unter die Masse heben. Eine Kastenform von 25 cm Länge mit Butter ausfetten. Backofen auf 250 Grad vorheizen. Den Boden der Form mit 3 Eßl. Teig gleichmäßig bestreichen, im Ofen etwa 5 Minuten goldgelb backen. Form herausnehmen, weitere 3 Eßl. Teig auf die gebackene Schicht streichen, wieder im Ofen backen. So weiter verfahren, bis der Teig verbraucht ist. Den Baumkuchen in der Form etwas auskühlen lassen, vorsichtig stürzen und ganz erkalten lassen.

Pilzragout: Shiitake-Pilze und Champignons putzen, in feine Streifen schneiden. Schalotten schälen, fein hacken. Butter in einer Kasserolle schmelzen, Schalotten zugeben und etwa eine Minute farblos anschwitzen. Pilze zufügen und eine weitere Minute anschwitzen. Weißwein angießen und noch 2 Minuten dünsten. Käse in kleine Würfel schneiden, zu den Pilzen geben und unter vorsichtigem Rühren schmelzen. Petersilienblätter hacken und ebenfalls zu den Pilzen geben. Mit Salz und Pfeffer abschmecken. Warm halten.

Kartoffelpüree: Kartoffeln waschen, schälen, in kleine Stücke schneiden. In wenig Salzwasser 20 Minuten kochen, abgießen und durch eine Kartoffelpresse in eine Schüssel pressen. Butter zugeben. Milch erhitzen, zufügen, alles verrühren. Mit Salz, Pfeffer und Muskat abschmecken.

Anrichten:
Vom ausgekühlten Baumkuchen längs vier dünne Scheiben abschneiden (Baumkuchenrest läßt sich gut einfrieren). Jede Scheibe behutsam zu einer ovalen Form biegen. Enden mit etwas Kartoffelpüree zusammenkleben. Auf vier Teller je ein Oval legen. Pilzragout zu etwa zwei Dritteln einfüllen. Mit etwas Kartoffelpüree bestreichen, Parmesan reiben und drüberstreuen. Unter dem Grill 2 Minuten bräunen. Restliches Pilzragout portionsweise neben den Baumkuchenovalen verteilen. Jeden Teller mit einem Petersilienzweig garnieren.

Weintip:
○ 1997er Mas de Bressades Roussanne blanc, Mas des Bressades, Costières de Nîmes, Frankreich
○○ 1994er Viognier Estate, Alban Vineyard, Edna Valley, Kalifornien, USA

Dieses – zugegeben recht aufwendige – Rezept hat Eckart Witzigmann mit seinem Freund und Kollegen Joe Gasser, Küchenchef des Münchner „Massimiliano", ausgetüftelt. Als Füllung für den raffinierten Baumkuchen, Schicht für Schicht aus einer Kartoffel-Ei-Butter-Masse gebacken, eignet sich auch ein Fisch- oder ein Geflügelragout, am besten wie hier mit Kartoffelpüree eingeschichtet.

„Einer meiner Lieblingssalate!" freut sich Witzigmann, hackt Gurken und würfelt Wurzelgemüse. Wichtig ist, sagt er, daß der Kartoffelkranz mit Vinaigrette erst gut durchzieht, bevor die Gemüsemischung mit hausgemachter Mayonnaise dazukommt. Paßt auch gut dazu: feingehackte Sardelle, Räucherlachs oder Räucherforelle

Russischer Salat
à la Witzigmann

Schwierigkeitsgrad: leicht
Zubereitungszeit: 1 ½ Stunden, außerdem 2 Stunden Ruhezeit

Zutaten für 4 Personen:
Vinaigrette: 0,1 l Sonnenblumenöl, 4 Eßl. Obstessig, 20 g feingehackte Schalotten, 2 gehackte Sardellenfilets, Salz, 1 Prise Zucker, ½ Teel. Dijonsenf, Pfeffer, 2–3 Eßl. kräftige Brühe
Mayonnaise: 1 Ei, 1 Teel. Worcestershiresauce, 1 Teel. Dijonsenf, 3 Eßl. Sahne, 0,2 l Sonnenblumenöl, Salz, Pfeffer, 1 Prise Cayennepfeffer, etwas Zitronensaft
Gemüsesalat: 150 g Sellerieknolle, 50 g Petersilienwurzel, 150 g Möhren, 2 Eßl. Obstessig, 300 g Erbsen in der Schote, 100 g grüne Bohnen, 2 Gewürzgurken (zusammen etwa 60 g), 1 Eßl. gehackte Kapern, 1 Apfel (z. B. Granny Smith), 40 g feingehackte Schalotten, Salz, Pfeffer, 1 Teel. Dijonsenf, ½ Teel. Worcestershiresauce, 1 Teel. Zitronensaft, 120 g Salatgurke, 4 mittelweich gekochte Eier (gepellt)
Kartoffelkranz: 700 g festkochende Kartoffeln, Salz, 1 Teel. Kümmel,
Dekoration: 6 Radieschen, 1 Kästchen Kresse

Vinaigrette: Sonnenblumenöl mit Obstessig mischen, Schalotten und Sardellenfilets zufügen. Mit 1/2 Teel. Salz, Zucker, Dijonsenf, Pfeffer und Brühe gut mischen, kühl stellen.
Mayonnaise: Das Ei, Worcestershiresauce, Senf und Sahne mit dem Handmixer mischen (alle Zutaten sollten die gleiche Temperatur haben). Sonnenblumenöl tropfenweise einfließen lassen und durchmixen, bis eine cremige Konsistenz entstanden ist. Mit Salz, Cayennepfeffer und Zitronensaft abschmecken.
Gemüsesalat: Sellerie, Petersilienwurzel und Möhren schälen. In Salzwasser 15 Minuten dämpfen. Abtropfen lassen, in eine Schüssel füllen, mit dem Obstessig beträufeln. Erkalten lassen. Erbsen auspalen, Bohnen putzen, in 1 cm große Stücke schneiden. Erbsen und Bohnen in Salzwasser 8–10 Minuten kochen, abgießen. In Eiswasser abschrecken, abtropfen und erkalten lassen.
Sellerie, Petersilienwurzel und Möhren fein würfeln, in eine Schüssel geben. Gewürzgurken fein hacken, unter die Gemüsemischung rühren. Kapern untermischen. Apfel schälen, vom Kerngehäuse befreien, klein würfeln und mit den Schalotten zum Gemüse geben. Gemüse salzen, pfeffern. Senf, Worcestershiresauce und Zitronensaft zugeben. Die Mayonnaise untermischen. Erbsen und Bohnen zugeben. Abschmecken, 2 Stunden durchziehen lassen. Gurke schälen, vierteln, mit einem Teelöffel Kerne ausschaben, Gurke in kleine Würfel schneiden. In eine Schüssel geben, salzen, pfeffern und etwa 10 Minuten ziehen lassen. Auf ein Sieb geben, gut abtropfen lassen. Unter den Salat mischen.
Kartoffelkranz: Kartoffeln in einem Topf mit Wasser bedecken, salzen, Kümmel zufügen. 20 Minuten kochen. Wasser abgießen, Kartoffeln etwas abkühlen lassen, dann pellen und in feine Scheiben schneiden. Einen Ausstechring von 10 cm Durchmesser in die Mitte eines Tellers stellen. Kartoffelscheiben rundherum anordnen, mit der Vinaigrette beträufeln. Durchziehen lassen.

Anrichten:
Gemüsesalat portionsweise in den Ring füllen. Eier längs halbieren, Eigelb vorsichtig herausheben. Eiweiß fein hacken, auf dem Gemüsesalat anhäufeln. Eigelbhälften daraufsetzen. Salzen und pfeffern. Ausstechring entfernen. Restliche Teller ebenso anrichten. Kartoffelscheiben mit feinen Streifen von Radieschen und mit Kresse bestreuen.

Weintip:
• 1996er Sancerre Rosé Comte Lafond, Château du Nozet, De Ladoucette, Loire, Frankreich
∘∘ 1997er Hochheimer Hölle Riesling Auslese trocken, Franz Künstler, Rheingau

Kartoffelsuppe

mit Knoblauch und Pilzen

Schwierigkeitsgrad: leicht
Zubereitungszeit: 45 Minuten

Zutaten für 4 Personen:
Suppe: *700 g Kartoffeln, 60 g weiße Teile von Frühlingszwiebeln, 60 g Knoblauchzehen, 7 Eßl. Olivenöl, 20 Safranfäden, 1 l kräftige Geflügel- oder Gemüsebrühe, Salz, Pfeffer, 2 Eßl. halbsteif geschlagene Sahne*
Einlage: *20 g gehackte Knoblauchzehen, 3 Eßl. Olivenöl, 200 g Kartoffeln, 10 Safranfäden, 100 g Wildpilze der Saison, Salz, weißer Pfeffer, 1-2 Eßl. Schnittlauchröllchen*

Suppe: Kartoffeln schälen und in Stücke schneiden. Frühlingszwiebeln fein hacken. Knoblauch schälen. Olivenöl erhitzen, Frühlingszwiebeln und Knoblauch zugeben, 2 Minuten hell anschwitzen. Kartoffeln und Safranfäden zufügen, 1-2 Minuten mit anschwitzen. Mit Brühe ablöschen und aufkochen. Hitze reduzieren, zugedeckt 20 Minuten kochen, bis die Kartoffeln weich sind. Suppe mit einem Mixstab fein pürieren, salzen und pfeffern. Sahne unterziehen.
Einlage: Knoblauch im Olivenöl 1 Minute anschwitzen. Kartoffeln schälen, in kleine Würfel schneiden. Safranfäden, Kartoffelwürfel und die Pilze zufügen, in etwa 8 Minuten goldgelb braten, salzen und pfeffern. Abschließend Schnittlauch dazugeben und 1 Minute mitbraten.

Anrichten:
Kartoffel-Pilz-Einlage in vier vorgewärmte Tassen füllen. Suppe zugießen.

Variante im Frühjahr:
Neue Kartoffeln, junger, zarter Knoblauch und ein Dutzend Bärlauchblätter (1-2 Minuten zusammen mit den Kartoffelwürfeln braten, dafür Pilze und Schnittlauch weglassen) machen dieses Gericht zu einer Frühlingsmahlzeit.

Weintip:
○ 1997er Sauvignon blanc, Thelema Mountain Vineyards, Stellenbosch, Südafrika
○○ 1995er Batàr, Agricola Querciabella, Greve in Chianti, Toskana, Italien

Herrlich findet der Koch auch
knusprige Bratkartoffeln
mit frischen Pilzen der Saison

Die Knoblauchzehen schälen, dann halbieren und den Keim unbedingt entfernen, er macht das Gewürz penetrant scharf. Olivenöl und Lauchzwiebeln und eine kräftige Brühe aus Geflügel oder Gemüse bilden die Basis dieser Suppe, die zum Schluß püriert und mit halbsteifer Sahne angereichert wird. Auch drin: gebratene Kartoffelwürfel und Pilze

Samtsuppe

mit Fenchel und Miesmuscheln

Schwierigkeitsgrad: leicht
Zubereitungszeit: 50 Minuten

Zutaten für 4 Personen:

Suppe: 4 Eßl. Olivenöl, 200 g geschälte und quer in Scheiben geschnittene mehligkochende Kartoffeln, 350 g Fenchel, 60 g in Scheiben geschnittene weiße Teile von Frühlingszwiebeln, 100 g in Scheiben geschnittene weiße Lauchteile, ½ Teel. Safran, 1 bleistiftdicke Scheibe aus einer jungen Knoblauchknolle, Salz, Pfeffer aus der Mühle, 0,75 l Fischfond

Muscheln: 50 g gewürfelte grüne Abschnitte von Frühlingszwiebeln, 50 g in grobe Würfel geschnittener Fenchel, 50 g gewürfelte Möhren, 4 Petersilienstengel, 1 Lorbeerblatt, 2 Thymianzweige, 1 bleistiftdicke Scheibe aus einer jungen Knoblauchknolle, 4 Eßl. Olivenöl, 1 kg Miesmuscheln, 0,1 l Weißwein, Pfeffer aus der Mühle, 1 Eßl. gehacktes Fenchelgrün

Einlagen und weitere Zutaten:

3 Eßl. Olivenöl, 5-7 Safranfäden, ½-1 Teel. mildes Madrascurrypulver, 250 g in feine Streifen geschnittener Fenchel, Salz, Pfeffer, 1 kleine rote Chilischote, 4 Eßl. halbsteif geschlagene Sahne, 2 Eßl. gehacktes Fenchelgrün

Suppe: Olivenöl in einem Topf erhitzen, Kartoffeln hineingeben, anschwitzen. Den Fenchel waschen, Wurzelansatz, Stengel und eventuell vorhandene äußere harte Rippen entfernen. Halbieren, Strunk ausschneiden, Fenchel in dünne Scheiben schneiden. Mit Frühlingszwiebeln, Lauch, Safran und Knoblauch zu den Kartoffeln geben. Farblos mit anschwitzen. Salzen, pfeffern, Hitze reduzieren und 10 Minuten dünsten. Fischfond angießen, 30 Minuten köcheln lassen. Mit einem Mixstab pürieren. Warm halten.

Muscheln: Frühlingszwiebelgrün, Fenchel, Möhren, Petersilie, Lorbeer, Thymian und Knoblauch in Öl farblos anschwitzen. Muscheln zugeben (bereits geöffnete aussortieren und wegwerfen), durchrühren. Weißwein angießen, pfeffern, nicht salzen. Im geschlossenen Topf etwa 5 Minuten garen, bis sich die Muscheln geöffnet haben. Nicht geöffnete Muscheln wegwerfen. Einige Muscheln für die Garnitur beiseite legen, restliche aus der Schale lösen. Den Sud durch ein Sieb gießen und zwei Drittel davon zur Suppe geben. Muschelfleisch in dem restlichen Sud warm halten. Mit etwas Fenchelgrün bestreuen.

Einlagen und weitere Zutaten: Olivenöl in einem Topf erhitzen. Safran und Currypulver zugeben, leicht anschwitzen. Fenchelstreifen zufügen, salzen, pfeffern und in 4-5 Minuten weich dünsten. Alles in die Suppe geben. Chilischote aufschneiden, Samen entfernen, in feine Ringe schneiden. In die Suppe geben. Sahne unterheben, Fenchelgrün einstreuen, nochmals abschmecken.

Anrichten:

Suppe auf Teller verteilen, Muscheln aus dem Sud heben und in die Suppe geben. Mit Muscheln in der Schale garnieren.

Tip:

Weißbrotwürfel mit Knoblauch in Öl anrösten und auf die Suppe streuen.

Weintip:

○ Taylor's Chip Dry Port, Taylor, Fladgate & Yeatman, Vila Nova de Gaia, Portugal

●● Champagne Gosset Grand rosé, Champagne, Frankreich

Kartoffeln, Knoblauch, Fenchel und Lauch bilden mit einem Fischfond die Basis für diese verführerisch duftende Suppe. Muscheln kommen zum Schluß mit gedünsteten Fenchelstreifen und knusprigen Brotwürfeln hinein. Die Muscheln können ersetzt werden durch Rotbarben-, Seeteufel- oder Seezungenfilets

Witzigmann asiatisch: Er hat Fenchelscheiben mit Polenta bestrichen und in Tempurateig aus Mehl und Speisestärke fritiert. Mit im Spiel sind Sesamöl, Zitronengras, Knoblauch – und Noilly Prat. Eine Melange, so Witzigmann, die den Geschmack des Fenchels ideal ergänzt

Fenchel

mit Polenta in Tempurateig

Schwierigkeitsgrad: mittelschwer
Zubereitungszeit: 1 1/2 Stunden

Zutaten für 4 Personen:

Tempurateig: 125 g Mehl, 125 g Speisestärke, 1 Eßl. Sesamöl, 4–5 Eßl. Weißwein, 0,1 l Eiswasser, Salz, Cayennepfeffer

Fenchel mit Polenta: 2 Fenchelknollen mit Grün (je 300 g), 2 Teel. Zitronensaft, Salz, 3 Eßl. Olivenöl, 175 g feingewürfelter Fenchel, 100 g geschälte, gewürfelte mehligkochende Kartoffeln, 40 g feingewürfelte Schalotten, 1 gehackte Knoblauchzehe, 50 g gewürfelte weiße Lauchteile, 10 cm sehr fein geschnittenes Zitronengras, Pfeffer, 1 Eßl. Sesamöl, 1 Msp. 5-Gewürze-Mischung (aus dem Asienladen), 1 Eßl. Noilly Prat, 2 Eßl. Weißwein, 120 g mittelfeiner Polentagrieß, Stärke zum Bestäuben, 0,25 l Geflügelfond, Pflanzenöl zum Fritieren

Paprika-Knoblauch-Sauce: 5 Eßl. Geflügelfond, 1 Eßl. von der gekochten Polenta, 1 Msp. Cayennepfeffer, 1 Eßl. edelsüßes Paprikapulver, 1 Eßl. Noilly Prat, 1 Spritzer Zitronensaft, 1 Spritzer trockener Weißwein, 3 gehackte Knoblauchzehen, 1 Eigelb, 6 Eßl. Pflanzenöl, 6 Eßl. Olivenöl, Salz, 1 Eßl. Crème fraîche

Dekoration: 60 g Würfel von geschälter roter, grüner und gelber Paprikaschote

Tempurateig: Mehl und Stärke in eine Schüssel sieben, mit Sesamöl und Weißwein verrühren. Nach und nach Eiswasser unterrühren, bis ein glatter, cremiger Teig entsteht. Mit Salz und Cayennepfeffer abschmecken. Im Kühlschrank zugedeckt mindestens eine Stunde quellen lassen. Nochmals umrühren.

Fenchel mit Polenta: Vom Fenchel Stengel mit Grün und Wurzelansatz abschneiden. Die Hälfte des Grüns fein hacken. Knollen längs in 4 mm dicke Scheiben schneiden, mit 1 Teel. Zitronensaft beträufeln. Fenchelscheiben in kochendem Salzwasser 5 Minuten garen. Herausnehmen, auf Küchenkrepp abtropfen lassen.
Für die Polenta Olivenöl in einem Topf erhitzen. Gewürfelten Fenchel, Kartoffeln, Schalotten, Knoblauch und Lauch hineingeben. Unter Rühren farblos anschwitzen. Zitronengras, Pfeffer, Salz, Sesamöl, restlichen Zitronensaft (1 Teel.), 5-Gewürze-Mischung, Noilly Prat und Weißwein zugeben. Alles 5 Minuten dünsten. Polentagrieß einrühren, gut die Hälfte des Geflügelfonds angießen. Unter häufigem Rühren 15 Minuten köcheln. Restlichen Fond angießen, weitere 10–15 Minuten unter Rühren köcheln. Mit Alufolie bedecken, auskühlen lassen. Nochmals umrühren, nachwürzen und gehacktes Fenchelgrün unterrühren.
(1 Eßl. Polenta für die Paprika-Knoblauch-Sauce beiseite stellen.) Fenchelscheiben leicht salzen. Polenta etwa $^1/_2$ cm dick einseitig auf die Fenchelscheiben streichen, leicht mit Speisestärke bestäuben. Einzeln in den Tempurateig tauchen, Teig etwas ablaufen lassen. Nacheinander in 180 Grad heißem Öl 3–4 Minuten fritieren. Abtropfen lassen, leicht salzen. Restliches Fenchelgrün mit Speisestärke bestäuben, in den Tempurateig tauchen und 1–2 Minuten fritieren. Abtropfen lassen, leicht salzen.

Paprika-Knoblauch-Sauce: Geflügelfond, Polenta, Cayennepfeffer, Paprikapulver, Noilly Prat, Zitronensaft, Weißwein und Knoblauch mit einem Mixstab fein pürieren. Eigelb einrühren. Die Öle nach und nach mit dem Mixer einarbeiten, salzen. Crème fraîche unterrühren.

Anrichten:

Fritierte Fenchelscheiben und das Grün auf Tellern anrichten. Sauce angießen, mit Paprikawürfeln bestreuen.

Weintip:

○ 1997er Der Morillon Kabinett Deutsche Weingärten Untereranzried, Domäne Müller, Steiermark, Österreich
○○ 1996er Paleo Bianco Sauvignon, Le Macchiole, Bolgheri, Toskana, Italien

Portweinfeige
auf Fenchelpüree

Schwierigkeitsgrad: leicht
Zubereitungszeit: 1 Stunde

Zutaten für 4 Personen:
Püree: 300 g geputzte und in Achtel geschnittene Fenchelknolle, 80 g in feine Streifen geschnittene weiße Lauchteile, 20 g Butter, Salz, Pfeffer aus der Mühle, 80 g geschälte und gewürfelte mehligkochende Kartoffeln, 0,1 l Gemüse- oder Geflügelfond, 1 Eßl. geschlagene Sahne
Feigen: 2–3 Eßl. Portwein, 0,25 l Rotwein, 1–2 Eßl. Crème de Cassis, 2 Gewürznelken, 2 Lorbeerblätter, 1 kleines Stück Zitronenschale, 4 Feigen, 20 g Butter
Fenchel: 2 Fenchelknollen mit Grün (je 350 g), 1 Teel. Zitronensaft, Salz, Pfeffer aus der Mühle, 4 Eßl. Pflanzenöl, 60 g Butter

Püree: Fenchel und Lauch in Butter farblos anschwitzen, salzen und pfeffern. Kartoffeln mit anschwitzen, Fond angießen. Zugedeckt im Ofen bei 120 Grad etwa 45 Minuten weich dünsten. Herausnehmen, pürieren, abschmecken und die Sahne unterrühren.

Feigen: Weine und Crème de Cassis mit Würzzutaten auf die Hälfte einkochen. Feigen rundherum einstechen. In den Sud legen, Butter zugeben, 10 Minuten köcheln lassen. Feigen herausnehmen, oben kreuzweise einschneiden. Den Sud einkochen und durchsieben.

Fenchel: Wurzelansatz und Stiele mit Grün der Fenchelknollen abschneiden, Grün aufheben. Knollen längs in 3 mm dicke Scheiben schneiden. Strunk herausschneiden. Die Scheiben mit Zitronensaft beträufeln, salzen, pfeffern und dann in Öl von beiden Seiten 5 Minuten sanft anbraten. Herausnehmen. Butter und 3 Eßl. Wasser mit dem Handmixer aufschäumen, 2 Eßl. feingehacktes Fenchelgrün unterrühren.

Anrichten:
Fenchelscheiben auf Tellern kreisförmig anrichten. Einen Ausstechring von 12 cm Durchmesser in die Mitte legen, Fenchelpüree portionsweise einfüllen, Ring entfernen. Je eine Feige in die Mitte des Pürees setzen, mit einem Lorbeerblatt verzieren. Mit Sud und Butter beträufeln.

Weintip:
● Noval Old Coronation Ruby Port, Quinta do Noval Vinhos, Vila Nova de Gaia, Portugal
○○ Vecchio Samperi, Riserva 20 anni Solera, Marco De Bartoli, Marsala, Sizilien, Italien

Ohne Fenchel keine mediterrane Küche, sein starkes Anisaroma erfrischt

Diese blaugrüne Kombination ist so ungewöhnlich wie köstlich – etwa als Zwischengericht serviert: Die Feigen wurden mit Nelken und Lorbeer in Portwein und Crème de Cassis mit Butter geköchelt, dann auf ein Püree aus Fenchel, Lauch und Kartoffeln gesetzt. Drumherum liegt gebratener Fenchel. Witzigmann rät, nicht zu zaghaft zu pfeffern, das Gericht kann die Schärfe sehr gut vertragen

Pizza
mit Fenchel und Tomaten

Eckart Witzigmann hat auch als Pizzabäcker seinen Spaß: Den Hefeteig knetet er selbst und legt eine runde Form damit aus. Tomaten, Oliven, Thymian, Rosmarin, Knoblauch, Zwiebeln und Zucchini bilden mit Fenchelscheiben den überaus aromatischen Belag. Ein Tip vom Küchenchef: Auf jedes Stück Pizza eine gegrillte Sardine oder Rotbarbe legen, das veredelt ungemein!

Schwierigkeitsgrad: leicht
Zubereitungszeit: 2 ½ Stunden

Zutaten für 4 Personen:
Hefeteig: 250 g Mehl, außerdem Mehl für die Arbeitsfläche, etwa 7 g frische Hefe, 9 Eßl. lauwarme Milch, 1 Teel. Salz, 1 Eßl. Olivenöl, 1 Msp. Fenchelpulver, Olivenöl zum Einfetten
Belag: 10 Eßl. Olivenöl, 700 g gehäutete, entkernte und geviertelte Tomaten, Salz, Pfeffer, 1 Prise Zucker, 5 Thymianzweige, 1 Rosmarinzweig, 3 in der Schale zerdrückte Knoblauchzehen, 80 g in feine Streifen geschnittene weiße Zwiebel, 2 gehackte Knoblauchzehen, 350 g geviertelter und in feine Streifen geschnittener Fenchel, 1 Spritzer Zitronensaft, 1 Spritzer Essig, 150 g quer in ½ cm dicke Scheiben geschnittene Zucchini, 1 Teel. Thymianblättchen, 40 g Parmesan, 50 g schwarze Oliven (etwa 15 Stück)

Hefeteig: Mehl in eine Schüssel sieben, eine Mulde hineindrücken. Für den Vorteig Hefe mit Milch und 1–2 Eßl. Mehl vermischen und in die Mitte der Mulde geben. Mit etwas Mehl bestäuben und mit einem Tuch bedecken. Vorteig eine knappe Stunde an einem warmen Ort bis auf das doppelte Volumen gehen lassen, er zeigt dann Risse. Mit dem restlichen Mehl, Salz, Olivenöl und Fenchel verrühren. Auf einer bemehlten Arbeitsfläche zu einem glatten Teig verkneten. Nochmals 30 Minuten gehen lassen. Ein rundes Backblech von 30 cm Durchmesser mit Olivenöl einfetten. Hefeteig auf bemehlter Arbeitsfläche in der Größe des Backblechs ausrollen. Blech mit dem Teig belegen.

Belag: Ein Blech mit 2 Eßl. Öl bepinseln. Tomaten nebeneinander flach darauflegen, salzen, pfeffern. 3 Thymianzweige, den Rosmarinzweig und 2 Knoblauchzehen in der Schale zufügen. Mit 1 Eßl. Olivenöl beträufeln. Im Ofen bei 60 Grad 1 ½–2 Stunden schmoren. Abkühlen lassen. Tomaten evtl. schon am Vortag zubereiten. 3 Eßl. Olivenöl erhitzen, Zwiebeln und gehackten Knoblauch zufügen. Fenchel dazugeben, salzen, pfeffern, Zucker zufügen und kurz anschwitzen. Hitze reduzieren, 5–6 Eßl. Wasser zugeben, 15–20 Minuten schmoren, bis das Wasser verdampft ist. Mit Zitronensaft und Essig abschmecken, abkühlen lassen.
2 Eßl. Olivenöl in einer Pfanne erhitzen, restliche zerdrückte Knoblauchzehe, restliche 2 Thymianzweige und Zucchinischeiben zufügen. Mit Salz und Pfeffer abschmecken. In 2–3 Minuten hellbraun braten. Auf Küchenkrepp abtropfen und abkühlen lassen. Ofen auf 220 Grad vorheizen. Hefeteig mit 1 Eßl. Öl beträufeln. Fenchel gleichmäßig darauf verteilen. Mit Zucchini und den geschmorten Tomaten belegen. Mit Thymianblättchen bestreuen. Parmesan darüberhobeln, mit restlichem Eßl. Olivenöl beträufeln. Etwa 15 Minuten im Ofen backen, 3 Minuten vor Ende der Backzeit Oliven auf der Pizza verteilen.

Anrichten:
Pizza aus der Form lösen, in Stücke teilen und servieren.

Weintip
• 1997er Domaine Tempier Rosé, Lucien Peyraud, Le Castellet, Bandol, Frankreich
•• 1994er Tinto Pesquera Reserva, Bodegas Alejandro Fernández, Ribera del Duero, Spanien

Blumenkohl

in Curry-Kokosnuß-Sauce

Schwierigkeitsgrad: leicht
Zubereitungszeit: 45 Minuten

Zutaten für 4 Personen:
1 Blumenkohl (etwa 1400 g), Zitronenwasser (Saft von 1 Zitrone mit 1 1/2–2 l Wasser mischen), 6 Eßl. Erdnußöl, 200 g geputzte kleine Champignons, 100 g geputzte, längs halbierte weiße Teile von Frühlingszwiebeln, Salz, Pfeffer aus der Mühle, 1 Teel. Koriandersamen, 1 Eßl. mildes Madras-Currypulver, 1 1/2 Teel. rote thailändische Currypaste, 2 Teel. Puderzucker, 3 Eßl. Chiliketchup (aus dem Supermarkt), 0,15 l Gemüsefond, 4 Stücke brauner Würfelzucker, 0,4 l Kokosmilch, 1 dünne Limettenscheibe

Dekoration: *1 entkernte und in Ringe geschnittene rote Chilischote, 1 in dünne Scheiben geschnittene Limette, Korianderblättchen (einige Zutaten sind im Asienladen erhältlich)*

Stielansatz des Blumenkohls herausschneiden, Kopf in Röschen teilen (850 g sollen übrigbleiben). Bis zur weiteren Verarbeitung in Zitronenwasser legen, damit die Röschen weiß bleiben. Gut abgetropfte Röschen in 4 Eßl. Erdnußöl von allen Seiten anbraten. Champignons und Frühlingszwiebel in restlichen 2 Eßl. Öl anbraten. Salzen, pfeffern und zum Blumenkohl geben.
Koriandersamen im Mörser zerstoßen, mit Currypulver mischen, zum Gemüse geben. Rote Currypaste mit Puderzucker bestäuben, mischen und unter den Blumenkohl rühren. Chiliketchup und Gemüsefond zufügen, etwa 10–12 Minuten köcheln lassen. Der Fond sollte fast ganz eingekocht sein. Würfelzucker, Kokosmilch und Limettenscheibe zufügen. Hitze reduzieren und unter häufigem Rühren 15 Minuten köcheln lassen. Abschmecken.

Anrichten:
Gemüse auf Teller geben, mit Chili, Limettenscheiben und Koriandergrün verzieren.

Weintip:
○ 1997er Sauvignon blanc, Voss Vineyards, Napa Valley, Kalifornien, USA
○○ 1997er Sauvignon blanc, Cloudy Bay, Blenheim, Neuseeland

Von wegen bieder!
Blumenkohl ist immer
gut für ein paar Überraschungen

Eckart Witzigmann hat die Gewürze und Kräuter Asiens vor Ort schätzen gelernt – als Gastkoch in den Küchen von Kollegen. Sein Curry schmeckt schon mit wenigen markanten Aromen exotisch: Kokos, Currypaste, Chili und Koriander gehören dazu. Wer mag, kann in der Pfanne oder im Wok auch Poulardenbruststreifen mitbraten

Das Süppchen bereitet Witzigmann aus Blumenkohl, Lauchzwiebeln, Kohlrabi, Brühe und Sahne zu. Ein Muß als Würze ist eine Prise Muskatnuß. Und die Krönung sind butterzarte Nocken aus Brokkolipüree und grüne Röschen, die einfach mit Butter in der Pfanne gebraten wurden. Das Ganze schmeckt natürlich auch warm sehr gut

Geeiste Suppe

mit Blumenkohl und Brokkoli

Schwierigkeitsgrad: leicht
Zubereitungszeit: 1 Stunde

Zutaten für 4 Personen:
Suppe: 300 g geputzte Blumenkohlröschen, 150 g geschälter, kleingeschnittener Kohlrabi, 60 g in feine Ringe geschnittene Frühlingszwiebeln, 2 Eßl. Butter, Salz, frisch geriebener Muskat, 1 Spritzer Estragonessig, 0,6 l Gemüsebrühe, 0,15 l Sahne, 100 g Crème fraîche
Brokkolinocken: 400 g Brokkoli, Salz, 2 Eßl. Butter, 40 g kleingehackte Schalotten, frisch geriebener Muskat, Pfeffer aus der Mühle, 0,15 l Gemüsebrühe, 1 Eßl. feingehackte Petersilie
Dekoration: 4 Brokkoliröschen, Salz, 1 Eßl. Butter

Suppe: Blumenkohl, Kohlrabi und Zwiebeln in Butter anschwitzen. Mit Salz und Muskat würzen, mit Estragonessig ablöschen. Gemüsebrühe hineingeben, aufkochen lassen. Hitze reduzieren, 20–25 Minuten köcheln lassen. Mit einem Mixstab pürieren, durch ein feines Sieb passieren. Sahne und Crème fraîche unter Rühren zufügen, weitere 10 Minuten köcheln lassen. In einer Schüssel auf Eis stellen und rühren, bis die Suppe erkaltet ist. Nochmals abschmecken. Vor dem Servieren aufmixen. Die Suppe soll sämig, aber nicht dick sein.
Brokkolinocken: Brokkoli in Röschen teilen, Stiele schälen, kleinschneiden. In Salzwasser 25 Minuten ganz weich kochen. Auf ein Sieb schütten, sehr gut abtropfen lassen, fein hacken. Butter in einem Topf erhitzen, Schalotten darin kurz anschwitzen. Brokkoli zufügen, mit Muskat, Salz und Pfeffer würzen. Gemüsebrühe zufügen und 20 Minuten fast ganz einköcheln lassen. Petersilie einrühren. Lauwarm abkühlen lassen und mit zwei Eßlöffeln vier große Nocken formen.
Dekoration: Brokkoliröschen etwa 5 Minuten in kochendem Salzwasser garen, gut abtropfen lassen. Brokkoli in Butter von allen Seiten braten, auf Küchenkrepp abtropfen lassen.

Anrichten:
Suppe in tiefe Teller verteilen. Die Brokkolinocken mit den gebratenen Brokkoliröschen in die Mitte setzen. Muskat darüberreiben. Servieren.

Tip:
Witzigmann empfiehlt als zusätzliche Einlage Kaviar, gekochte Krebse oder geräucherten Lachs.

Weintip:
○ 1997er Gisborne Chardonnay, Coopers Creek, Huapai, Neuseeland
○○ 1997er Morillon Nußberg, Alois Gross, Ehrenhausen, Steiermark, Österreich

Orecchiette

mit Röschen vom grünen Blumenkohl

Schwierigkeitsgrad: leicht
Zubereitungszeit: 45 Minuten

Zutaten für 4 Personen:
*7 Eßl. Olivenöl, 400 g Orecchiette (Öhrchennudeln), Salz,
600 g geputzter grüner Blumenkohl, Pfeffer aus der Mühle, 50 g in feine Scheiben geschnittene weiße Teile von Frühlingszwiebeln,
2 abgezogene kleingehackte Knoblauchzehen, 100 g gewürfelter gekochter Schinken (oder geräucherter Putenschinken oder kroß gebratene Pancetta-Würfel),
1 Chilischote, 0,15 l Gemüsebrühe,
2 Eßl. gehackte glatte Petersilie,
80 g frisch geriebener Pecorino*

1 Eßl. Olivenöl und Orecchiette in kochendes Salzwasser geben. Nudeln etwa 12 Minuten bißfest kochen. 5–6 Eßl. Kochwasser entnehmen, beiseite stellen. Nudeln abgießen, gut abtropfen lassen. Blumenkohl in kleine Röschen zerteilen. Stiele schälen, ebenfalls kleinschneiden. In kochendem Salzwasser etwa 4 Minuten halbgar kochen. In Eiswasser abschrecken, gut abtropfen lassen. In einer großen Pfanne 4 Eßl. Olivenöl erhitzen. Blumenkohl darin etwa 3–4 Minuten anbraten, salzen, pfeffern. Frühlingszwiebeln und Knoblauch zugeben, kurz mitbraten. 3–4 Eßl. des Nudelkochwassers angießen, Blumenkohl gut durchschwenken, Schinken und Orecchiette zufügen. Behutsam mischen, evtl. noch etwas Kochwasser zugeben. Chilischote einmal durchschneiden, entkernen und mit der Brühe zufügen. 3–4 Minuten köcheln lassen, dabei öfter schwenken. Petersilie einstreuen. Restliches Olivenöl (2 Eßl.) darüberträufeln. Die Chilischotenhälften entfernen. Nochmals abschmecken. Pecorino darüberstreuen und alles durchschwenken.

Anrichten:
Auf vorgewärmte tiefe Teller geben.

Tip:
Das Gericht läßt sich statt mit grünem Blumenkohl auch mit Romanesco, grünem Spargel oder weißem Blumenkohl zubereiten. Die Orecchiette können durch Gnocchi ersetzt werden. Dazu passen Venusmuscheln – dann sollte auf den Käse verzichtet werden.

Weintip:
○ 1997er Vigna di Gabri, Tenuta di Donnafugata, Marsala, Sizilien, Italien
●● 1993er Turriga, Antonio Argiolas, Serdiana, Sardinien, Italien

Auch ein Witzigmann hat gern Gesellschaft (und Hilfe) beim Kochen: Hier bereitet er mit Patrik Jaros eine ganz einfache Pasta zu, für die er Öhrchen-Nudeln aus der Packung verwendet. Die werden vermengt mit den Röschen von grünem Blumenkohl – einem engen Verwandten der hellen Köpfe –, Schinken, Petersilie und viel Pecorino-Käse. Etwas Chili macht die milde Mischung pikant

Pilzgulasch

mit Kartoffelsoufflé

Schwierigkeitsgrad: mittelschwer
Zubereitungszeit: 1 ½ Stunden

Zutaten für 4 Personen:

Pilzfond: 1 Knoblauchzehe, 60 g Schalotten, 50 g weiße Zwiebeln, 2 Eßl. geschmacksneutrales Pflanzenöl, 20 g Butter, 300 g geputzte gemischte Pilze (z.B. Pfifferlinge, Steinpilze, Champignons), Salz, Pfeffer aus der Mühle, 1 Teel. edelsüßes Paprikapulver, 0,5 l kräftiger Geflügelfond

Kartoffelsoufflé: 200 g gekochte, geschälte Kartoffeln (mehligkochend), 2 Eier, Salz, 2 Eßl. Ricotta, geriebene Muskatnuß, 4 Eßl. halbsteif geschlagene Sahne, Butter für 4 kleine Souffléförmchen

Pilzgulasch: 800 g gemischte Pilze (Pfifferlinge, Steinpilze, Champignons, Shiitake, geputzt), 1 fein gehackte Knoblauchzehe, 50 g fein gehackte Schalotten, 40 g Butter, 1 Teel. edelsüßes Paprikapulver, 3–4 Eßl. Weißwein, Salz, Pfeffer aus der Mühle, ½ Teel. Zitronensaft, 1 Msp. fein gehackter Kümmel, 1 Eßl. fein gehackte Petersilie, 1 Eßl. Schnittlauchröllchen, 6 Eßl. halbsteif geschlagene Sahne

Pilzfond: Knoblauchzehe, Schalotten und Zwiebeln schälen, in feine Scheiben schneiden. Öl und Butter erhitzen, das Gemüse darin glasig dünsten. Die Pilze grob zerkleinern, zufügen. Mit Salz, Pfeffer und Paprikapulver würzen, 5 Minuten bei milder Hitze dünsten. Geflügelfond angießen, aufkochen. Hitze reduzieren, 30 Minuten köcheln lassen. Den Fond durch ein Sieb gießen und auf etwa 0,35 l einkochen lassen.

Kartoffelsoufflé: Einen Topf bis zu zwei Drittel der Förmchenhöhe mit Wasser füllen, Pergamentpapier einlegen, damit das Wasser nicht sprudelnd kocht, in den auf 200 Grad vorgeheizten Ofen schieben. Kartoffeln durch ein Sieb streichen. Eier trennen, Eigelb zu den Kartoffeln geben, Eiweiß mit 1 Prise Salz sehr steif schlagen. Den Ricotta unter die Kartoffelmasse mischen, mit Salz und Muskat würzen, glattrühren. Eiweiß und Sahne vorsichtig unterheben, in die gebutterten Förmchen füllen und diese in den Topf stellen. 40 Minuten im Ofen garen.

Pilzgulasch: Die größeren Pilze halbieren. Knoblauch und Schalotten in der Butter hell anschwitzen. Pilze zufügen, mit Paprika bestäuben, kurz anschwitzen. Mit Weißwein ablöschen, salzen, pfeffern und zugedeckt 5 Minuten köcheln lassen. Den vorbereiteten Pilzfond angießen, mit Zitronensaft und Kümmel abschmecken. Petersilie und Schnittlauchröllchen einstreuen.

Anrichten:

Pilzgulasch auf Teller geben, die Sahne darauf verteilen, mit Petersilie garnieren. Dazu die aus der Form gelösten Kartoffelsoufflés reichen.

Weintip:

○ 1997er Tuvaoes Vermentino di Sardegna, Giovanni Cherchi, Usini, Sardinien, Italien
○○ 1995er Chardonnay, Pahlmeyer, Napa Valley, Kalifornien, USA

Übung mit dem Meister: Volker Drkosch aus der „Tantris"-Küche von Hans Haas putzt Pilze für den Fond, der später das Gulasch aus Shiitake, Champignons, Steinpilzen und Pfifferlingen beim Garen saftig hält. Im Wasserbad garen Soufflés aus einer Kartoffel-Ricotta-Masse. Witzigmann füllt die Mischung in Förmchen, die er dann in einen ofenfesten Kupfertopf setzt. Das Pilzgulasch begleitet Sahne

Nach dem Pilzesuchen brät
Witzigmann seine Beute
am liebsten einfach in der Pfanne

Ein Lieblingsutensil des Meisterkochs ist die schwarze Eisenpfanne. Er bedeckt ihren Boden mit Meersalz, setzt Kartoffeln darauf und gart sie so im Ofen. Derweil brät er Speck und Pilze in einer zweiten Pfanne an, fügt Lauchzwiebeln, Petersilie und die Kartoffeln in Scheiben hinzu. Am Ende läßt er zwei Eier in der Mischung stocken und serviert direkt aus der Pfanne

Steinpilze und Pfifferlinge
mit Ofenkartoffeln

Schwierigkeitsgrad: leicht
Zubereitungszeit: 1 Stunde

Zutaten für 4 Personen:

400 g kleine, festkochende Kartoffeln, 500 g grobes Meersalz, 80 g Frühlingszwiebeln, schräg in Röllchen geschnitten, Salz, 600 g geputzte gemischte Pilze (Steinpilze und Pfifferlinge), 3 Eßl. geschmacksneutrales Pflanzenöl, 80 g durchwachsener, mild geräucherter Speck, fein gewürfelt, Pfeffer aus der Mühle, 1 Teel. Zitronensaft, 2 Eßl. Petersilienblättchen, 2 Eier, frisch geriebene Muskatnuß, 1 Eßl. Schnittlauchröllchen

Backofen auf 200 Grad vorheizen. Kartoffeln waschen, abtropfen lassen. Den Boden einer ofenfesten Pfanne mit Meersalz bedecken, Kartoffeln darauflegen. Im Ofen etwa 40 Minuten garen, einmal wenden. Herausnehmen, abkühlen lassen, pellen und in Scheiben schneiden. Die grünen Ringe der Frühlingszwiebeln in Salzwasser kurz blanchieren. Abtropfen lassen, kalt abschrecken. Die größeren Pilze halbieren. Das Öl in einer Pfanne erhitzen, den Speck darin anbraten. Kartoffelscheiben 1–2 Minuten mitbraten. Die weißen Zwiebelringe einstreuen, Steinpilze hineingeben, alles weitere 2–3 Minuten braten. Dann die Pfifferlinge und die grünen Zwiebelringe zufügen. Mit Salz, Pfeffer und Zitronensaft würzen, weitere 5–6 Minuten braten. Petersilie einstreuen. Die Eier aus der Schale in die Pfanne gleiten lassen. Mit Muskat würzen, alles durchschwenken. Eier 1 Minute stocken lassen. Zum Schluß mit Schnittlauchröllchen bestreuen.

Anrichten:
Heiß aus der Pfanne servieren. Dazu empfiehlt Witzigmann Kopfsalat mit einer würzigen Vinaigrette.

Weintip:
○ 1995er Chardonnay „R", Tafelwein, Ökonomierat Rebholz, Siebeldingen, Pfalz
●● 1996er Pinot noir Reserve, Santa Barbara Winery, Kalifornien, USA

Pilze

Graupenpilaw
mit Pfifferlingen im Mangoldwickel

Schwierigkeitsgrad: mittelschwer
Zubereitungszeit: 1 ½ Stunden

Zutaten für 4 Personen:
Graupenpilaw: 60 g geschälte Möhren, 1 geschälte Knoblauchzehe, 60 g geputzte Lauchzwiebeln, 40 g geputzter Staudensellerie, 80 g trocken geputzte Pfifferlinge, 1 Eßl. Olivenöl, 30 g Butter, Salz, Pfeffer aus der Mühle, geriebene Muskatnuß, 170 g gewaschene Rollgerste (Graupen), 0,4 l Geflügelfond, 1 Kräuterbouquet aus Petersilie, Thymian und Lorbeerblatt
Mangold: 8 große gewaschene Mangoldblätter, Salz, geputztes Gemüse: 50 g Möhren, 30 g Staudensellerie, 50 g weiße Teile von Lauchzwiebeln; 50 g durchwachsener, mild geräucherter Speck, fein gewürfelt, 1 Eßl. Olivenöl, Pfeffer aus der Mühle, frisch geriebene Muskatnuß, 150 g trocken geputzte kleine Pfifferlinge, 0,12 l Geflügelfond, 1 Kräutersträußchen (Petersilie, Thymian), Butter zum Einfetten, 1 Eßl. grob gehackte Petersilie

Graupenpilaw: Möhren, Knoblauch, Lauchzwiebeln, Staudensellerie und Pfifferlinge fein würfeln. In dem Öl und der Butter erhitzen, mit Salz, Pfeffer und Muskat würzen. Rollgerste zufügen, 5 Minuten mitbraten. Geflügelfond angießen, abschmecken und das Kräuterbouquet einlegen. Zum Kochen bringen, Hitze reduzieren und zugedeckt etwa 25–30 Minuten köcheln. Leicht abkühlen lassen.

Mangold: Mangoldstiele abschneiden, die Mittelrippen der Blätter herausschneiden und beides in 2 cm große Stücke schneiden. Dann kurz in Salzwasser blanchieren und abschrecken. Mangoldblätter nur wenige Sekunden in Salzwasser blanchieren, abschrecken. Abtropfen lassen. Jedes Blatt auf ein Stück Alufolie legen und mit 2 Eßl. Graupenpilaw belegen. Mit Hilfe der Alufolie fest aufrollen. Möhren, Staudensellerie und Lauchzwiebeln würfeln. Den Speck 3 Minuten in einer Kasserolle in Olivenöl braten. Das Gemüse kurz mitbraten. Mit Salz, Pfeffer und Muskat würzen. Mangoldröllchen darauflegen. Pfifferlinge um die Mangoldröllchen streuen. Würzen. Die Hälfte des Geflügelfonds angießen, das Kräutersträußchen einlegen. Ein gebuttertes Stück Pergamentpapier auflegen, in die Mitte ein Loch schneiden, damit Dampf entweichen kann. Die Kasserolle in den auf 200 Grad vorgeheizten Ofen schieben. Nach 5 Minuten den restlichen Geflügelfond dazugießen. Weitere 5 Minuten garen.

Anrichten:
Mangoldröllchen auf Teller verteilen. Gemüse anlegen, Petersilie aufstreuen.

Weintip:
○ 1996er La Courtade Blanc, Côtes de Provence, Porquerolles, Frankreich
●● 1995er Volnay „Les Santenots", Dominique Laurent, Nuits-Saint-Georges, Burgund, Frankreich

Graupen, auch Rollgerste genannt, köcheln mit Möhren, Knoblauch, Staudensellerie, Pfifferlingen und einem Kräuterbouquet aus Thymian, Petersilie und Lorbeer. Diesen Pilaw füllt Witzigmann in blanchierte Mangoldblätter, die er dann noch auf einem Gemüsebett mit Speck im Ofen gart. Ein Herbstgenuß! Anstelle von Graupen kann man auch Basmatireis verwenden

Warenkunde

für den Herbst

große Artischocken

Steckbrief:

Von merkwürdigen Wirkungen des Artischockengenusses auf die Geschmacksnerven wird berichtet: Angeblich werde die Zunge für die Aromen feiner Weine ruiniert, wenn das Gemüse Bestandteil des Menüs sei. Und Wasser schmecke plötzlich süß, wenn vorher Artischocken gekaut wurden. Tatsächlich enthält die Knospe des Distelgewächses die organische Säure Cynarin, die das Geschmacksempfinden so stark beeinflußt. Die meisten Gourmets jedoch schätzen gerade diese zart-bitterliche, pflanzlich-herbe Note. Die besten Artischocken kommen aus der Bretagne: Sie sind groß und rund wie Sellerieknollen und enthalten einen dicken, saftigen Blütenboden. Er eignet sich zum Backen, Braten, Schmoren, Kochen sowie Füllen und ist kalt serviert so delikat wie warm zubereitet. Die inneren fleischigen und aromatischen Blätter bieten sich für eine Vorspeise an: Sie können nach dem Garen in Dips getaucht und ausgelutscht werden.

Vom Markt in die Küche:

Die Köpfe erntefrischer Artischocken sind fest verschlossen und fleckenlos, die Blattspitzen fleischig und grün, nicht aber angetrocknet und braun. Beim Putzen die Schnittstellen mit Zitronensaft einreiben, so bleiben sie schön hell – oder gleich die ganze Blüte in Zitronenwasser legen. Im Kühlschrank bleiben sie drei Tage frisch. Blanchiert und gut verpackt, können geputzte Artischocken bis zu 8 Monaten tiefgekühlt werden. Bei Zubereitung nicht auftauen, sondern gefrostet verarbeiten.

Was drin steckt:

Artischocken liefern Gesundheit pur: Sie sind reich an Kalium, Magnesium, Calcium und Phosphor sowie Vitamin C. Sie sind magen-, leber- und gallenfreundlich, außerdem entgiften sie und senken den Cholesterinspiegel. Für Diabetiker sind sie besonders zu empfehlen, da sie in großen Mengen Inulin enthalten.

kleine Artischocken

Steckbrief:

Die schlanken, spitz zulaufenden Schwestern der üppigen bretonischen Blüten werden überwiegend aus Italien importiert. Auch sie werden kurz vor dem Aufblühen geerntet, da geöffnete Blütenköpfe ein strenges Aroma und eine faserige Konsistenz entwickeln. Zarte, junge Blüten erkennt man an der Farbe: Ihre Blätter haben oft eine kräftig violette Färbung. Bei der Zubereitung machen sie dem Koch wenig Arbeit: Nur den Stiel und die rauhen Spitzen der Blätter kappen, dann das Gemüse im Ganzen dünsten, kochen oder braten. Artischocken sollten nie in Aluminiumtöpfen garen, weil sie ausbleichen und einen metallischen Beigeschmack annehmen können.

neue Kartoffeln

Steckbrief:

Deutsche Frühkartoffeln werden ab Juni angeboten, die Konkurrenz aus dem Mittelmeerraum drängt schon ab März auf den Markt. Neue Knollen enthalten wenig Stärke und viel Wasser, sie bleiben beim Garen fest. Sehr frühe Sorten: Atica, Christa, Gloria. Frühe: Cilena, Renate, Siglinde.

Vom Markt in die Küche:

Die neue Ernte ist die beste Wahl für Salat- und Pellkartoffeln, Bratkartoffeln und Kartoffelsalat! Beim Kochen springen sie nicht auf, ihre Konsistenz ist feinkörnig und feucht. Gute Knollen haben eine unbeschädigte Oberfläche und sind frei von Keimen. Grüne Stellen entdeckt man oft erst nach dem Schälen: Sie enthalten das gesundheitsschädliche Solanin und müssen abgeschnitten werden. Kartoffeln sollten kühl, dunkel und trocken aufbewahrt werden. Achtung: Die stärkearmen neuen Kartoffeln eignen sich nicht zum Einlagern – sie bleiben nur wenige Tage glatt und knackig.

Was drin steckt:

Neue Kartoffeln geizen nicht mit den Vitaminen C und Niacin und sind reich an Kalium, Calcium und Phosphor. Der vergleichsweise hohe Eiweißgehalt ist nach Meinung von Fachleuten der Grund für die festkochenden Eigenschaften.

mehlige Kartoffeln

Steckbrief:

Für Pürees, Suppen, Klöße und Eintopfgerichte sind spät geerntete, mehligkochende Knollen die beste Wahl. Sie enthalten wenig Feuchtigkeit, dafür viel Stärke, kochen locker und sind im Vergleich zu frühen Sorten etwas trockener und grobkörniger. Da sie auch weniger Biß bieten als ihre festkochenden Verwandten, ist die ehemals dominierende Nachfrage nach mehligen Sorten stark zurückgegangen. Feinschmecker jedoch haben den Genuß an den lagerfähigen Sorten wiederentdeckt, und Spitzenköche wie Eckart Witzigmann nutzen deren Eigenschaften für raffinierte Kreationen. Geschälte Kartoffeln verlieren beim Kochen einen Großteil ihrer wertvollen Inhaltsstoffe. In Folie gegarte Knollen oder Pellkartoffeln mit unversehrter Schale hingegen liefern eine geballte Ladung Vitamine und Mineralstoffe.

Fenchel

Steckbrief:

Erst seit rund dreißig Jahren wird das würzig nach Anis duftende Gemüse auch bei uns überall angeboten. Dabei kultivierten es bereits die Gärtner der Antike in ihren mediterranen Gärten, Italien ist noch heute der Hauptlieferant. Die Fenchelzwiebel wird meist als Knolle bezeichnet, tatsächlich handelt es sich jedoch um ein Stielgemüse, dessen Blätter am Wurzelansatz stark verdickt sind.

Vom Markt in die Küche:

Das süßlich schmeckende Gemüse wertet Rohkostsalate auf, harmoniert mit Fischgerichten, verleiht Gemüsezubereitungen eine erfrischende Note, und das Grün würzt feingehackt Suppen und Saucen. In dicke Scheiben geschnitten, paniert und gebraten überzeugt Fenchel ebenfalls. Beim Einkauf sollten die Knollen makellos weiß, fest und glatt sein. Dunkle Schnittflächen und braune Blattränder sind Hinweise auf ältere Ware. Erntefrische Exemplare halten sich gekühlt bis zu zwei Wochen.

Was drin steckt:

100 g Fenchel enthalten nur 36 Kalorien. Dafür geizt das Gemüse nicht mit B-Vitaminen, Karotin, Kalium, Calcium und Phosphor. Außerdem verfügen die Knollen über doppelt soviel Vitamin C wie Orangen und den höchsten Eisengehalt unter allen Gemüsesorten.

124 Warenkunde • Herbst

weißer Blumenkohl

Steckbrief:
War es das fein-zarte Aroma, das dieses Gemüse so beliebt gemacht hat? Oder seine zuchtfreundlichen Eigenschaften, die eine schnelle Verbreitung einst vom Mittelmeer über die ganze Welt möglich machten? Blumenkohl gilt zu Unrecht als nicht besonders exklusiv: Köche wie Eckart Witzigmann servieren überzeugende Beweise, daß dieser Kohl Klasse hat.

Vom Markt in die Küche:
Blumenkohl zeigt seine Vielseitigkeit beim Kochen, Dünsten, Überbacken und Fritieren. Er verträgt sich mit hellen Saucen, etwa einer Bechamel, frischen Kräutern, zum Beispiel Kerbel, und kräftigen Gewürzen wie Curry oder Muskat. Roh mit einer Vinaigrette ist er ebenfalls ein Genuß. Kenner suchen sich nur Exemplare mit einer geschlossenen Oberfläche aus: Sie sollten appetitlich weiß bis elfenbeinfarben sein und keine Flecke oder Druckstellen haben. Im Kühlschrank bleiben die Köpfe 3–5 Tage frisch. In einzelne Röschen geteilt, blanchiert und tiefgekühlt, kann das Gemüse bis zu zehn Monaten aufbewahrt werden.

Was drin steckt:
B-Vitamine und viel Vitamin C, außerdem Phosphor, Kalium, Calcium, Magnesium und Eisen sowie die Spurenelemente Zink, Kupfer, Jod und Fluor.

grüner Blumenkohl

Steckbrief:
Gleich drei verschiedene Gemüsesorten können gemeint sein: grüner Blumenkohl (auf dem Foto unten; Eckart Witzigmann verwendet ihn in seinem Rezept auf Seite 114), Brokkoli und Romanesco. Alle werden auch grüner Blumenkohl genannt. Erstgenannter unterscheidet sich von seinem weißen Bruder nur in der Farbe. Diese Neuzüchtung ist noch nicht sehr verbreitet. Brokkoli gilt als der Stammvater des Blumenkohls. Sein Aroma ist etwas kräftiger und erinnert an Spargel – darum wird er auch noch als Spargelkohl bezeichnet. Romanesco wird auch unter den Namen Türmchenblumenkohl oder Minarettkohl gehandelt. Es gehört ebenfalls zu den noch jungen Erfolgen moderner Zuchtkultur: Sein Ursprung liegt in Italien, doch Holländern gelang der Anbau in großem Stil. Die grünen Sorten lassen sich gut mit hellem Blumenkohl mischen: Die Aromen harmonieren, und die Farben bieten Möglichkeiten für eine abwechslungsreiche grün-weiße Gestaltung der Gemüseplatte.

Champignons

Steckbrief:
Wildwachsende Exemplare können bis in den Spätherbst hinein gesammelt werden, sind aber selten geworden. Qualitativ hochwertige Zuchtchampignons sind ein annehmbarer Ersatz für die auf Wiesen und Weiden wild wachsende Verwandtschaft.

Vom Markt in die Küche:
Für gesammelte Wiesenchampignons und massenhaft produzierte Kulturpilze gelten dieselben Qualitätsmerkmale. Besser nicht zugreifen, wenn die Oberfläche ledrig-trocken ist und unter dem aufgesprungenen Hut braune Lamellen zum Vorschein kommen. Die Pilzhüte sollten beim Einkauf makellos, ohne Druckstellen sein. Geschlossene Hüte oder sichtbare rosa Lamellen sind ein Indiz für Frische. Schmutzstellen stets trocken reinigen: Dabei hilft ein spezieller Pilzpinsel, ein trockenes Tuch leistet ebenfalls gute Dienste. Champignons bieten sich zum Braten, Dünsten und Kochen an. Roh und in Scheiben geschnitten, verfeinern sie knackige Blattsalate.

Was drin steckt:
Mit einem hohen Anteil an essentiellen Aminosäuren kann sich der Champignon als Eiweißlieferant sehen lassen. Außerdem auf der Liste seiner inneren Werte: die Vitamine A, B und D sowie reichlich Ballaststoffe.

Pfifferlinge

Steckbrief:

Noch ist es nicht gelungen, den kräftig orangefarbenen, nach Aprikosen duftenden und angenehm pfeffrig schmeckenden Waldpilz zu züchten. Um so begehrter ist das auch Eierschwamm und Gelbling genannte Gewächs, nach dem Sammler bis in den November hinein auf offenen, moosigen Waldlichtungen suchen.

Vom Markt in die Küche:

Pfifferlinge sind vielseitig: Sie lassen sich pur, in Mischpilzgerichten, als Beilage zu Fleisch- oder Fischgerichten oder zur Kräftigung des Aromas von Saucen zubereiten. Frische Pfifferlinge können auf verschiedene Weisen konserviert werden: in Essigwasser mit Kräutern garen und in Olivenöl einlegen. Oder man friert sie ein (siehe Shiitake-Pilze). In geschmacksneutralem Wodka halten sie sich bis in den Winter hinein.

Was drin steckt:

Extrem viel Kalium, außerdem große Mengen Phosphor, weiterhin Calcium, B-Vitamine, Vitamin D und Niacin.

Shiitake

Steckbrief:

Im Fernen Osten wird der Pilz massenhaft gezüchtet und preiswert angeboten. Europäern läßt er sich immer noch als teure Rarität verkaufen – vielleicht, weil er wie ein frisch gesammelter Wildpilz aussieht und auch so schmeckt. Andere Bezeichnungen: Donko-Pilz oder tong-ku.

Vom Markt in die Küche:

Das Fleisch des Baumpilzes ist fest, saftig und aromatisch und erfüllt damit auch hohe Erwartungen. Shiitake-Pilze lassen sich braten, dünsten und kochen, und getrocknete Exemplare entfalten bei der Zubereitung ihre Aromen mit einer besonders starken Würzkraft. Gourmets schätzen sie als Vorspeise, als Beilage zu Fleisch-, Geflügel- und Wildgerichten, außerdem in Suppen oder in Salaten. Zum Einfrieren Pilze eine Minute in kochendes Salzwasser geben, gut abtropfen lassen, einzeln auf einem Blech möglichst schockgefrieren und dann in Tüten verpacken. Haltbarkeit im Gefrierschrank: sechs Monate.

Was drin steckt:

Japanische Mediziner sind davon überzeugt, daß Shiitake-Pilze den Cholesterinspiegel senken, der Thrombosenbildung entgegenwirken, Abwehrkräfte gegen Virusinfektionen entwickeln und das Zellwachstum von Krebstumoren stark hemmen.

Steinpilze

Steckbrief:

Der König unter den Speisepilzen gilt wegen seines intensiven nussigen Aromas und seiner festen, saftigen Konsistenz als besondere Delikatesse. Sammler finden ihn vergleichsweise oft – dennoch erzielt er von allen gängigen Pilzen die höchsten Preise.

Vom Markt in die Küche:

Kleine und kompakte Exemplare haben das kräftigste Aroma und sind besonders begehrt, große Pilze (bis zu 1 kg schwer) können etwas schwammig werden. Vor der Zubereitung trocken und schonend putzen! Steinpilze können vorgegart oder roh eingefroren werden, kleine Exemplare lassen sich weit über die Sammelsaison hinaus in Olivenöl konservieren. Blättrig geschnittene getrocknete Steinpilze eignen gut zum Aromatisieren von Suppen und Saucen.

Was drin steckt:

Steinpilze enthalten Eiweiß, Kohlenhydrate, Kalium, Calcium in großen und Phosphor in sehr großen Mengen, außerdem B-Vitamine, Vitamin D und Niacin. Der hohe Gehalt an essentiellen Aminosäuren macht den Pilz zu einem gesunden Genuß.

Winter

Kürbis, Kohl, Maronen, Chicorée

Monatelang hatten kapitale Kürbisse und Kohlköpfe Zeit, zu großen Genüssen heranzureifen. Maronen und Chicorée gehören dagegen zu den feineren Wintergemüsen. Witzigmanns Einfälle machen auch diese Saison zu einer höchst kulinarischen

Kürbissuppe

mit Zimtcroûtons

Schwierigkeitsgrad: leicht
Zubereitungszeit: 1 ½ Stunden

Zutaten für 4 Personen:
Suppe: 800 g Muskatkürbis (geputzt 500 g), Salz, 4 Eßl. Butter,
100 g gewürfelte weiße Zwiebeln,
½ gehackte Knoblauchzehe,
100 g gewürfelte Möhren,
120 g gewürfelte rote Paprikaschote,
50 g abgezogener und in Stücke geschnittener Staudensellerie,
1 Eßl. geriebener frischer Ingwer,
1 Msp. edelsüßes Paprikapulver,
½ Teel. Curry, 1 Msp. zerbröselte, getrocknete Chilischote,
2 Eßl. Ingwersirup (im Asienladen erhältlich), 2 Eßl. Tomatenketchup,
1 l Gemüse- oder Geflügelfond,
Pfeffer aus der Mühle, 120 g Sahne,
4 Eßl. ungesüßte Kokosmilch,
1 Prise Zucker
Zimtcroûtons: 2 Eßl. Butter,
2 Scheiben Weißbrot ohne Rinde,
in ½ cm große Würfel geschnitten,
¼ Teel. gemahlener Zimt

Suppe: Kürbis schälen, Samen entfernen, Fruchtfleisch grob raspeln. Salzen und zugedeckt 30 Minuten ziehen lassen. Butter zerlassen. Zwiebeln, Knoblauch, Möhren, Paprika und Sellerie hineingeben, farblos anschwitzen. Ingwer, Paprikapulver, Curry, Chili, Ingwersirup und Ketchup zugeben, weitere 5 Minuten mit anschwitzen. Kürbis über einer Schüssel in einem Sieb gut ausdrücken, den Saft auffangen. Kürbisfleisch mit dem Gemüse vermischen, etwa 15 Minuten mitdünsten. Kürbissaft und Fond angießen, salzen, pfeffern. 20 Minuten bei niedriger Hitze köcheln lassen. Sahne, Kokosmilch und Zucker mischen, halbsteif schlagen. Nach und nach unter die Suppe rühren, mit einem Mixer pürieren. Abschmecken.
Zimtcroûtons: Butter in einer Pfanne erhitzen. Weißbrotwürfel zugeben, goldbraun rösten. Croûtons auf ein Sieb schütten, überschüssige Butter in die Suppe tropfen lassen. Croûtons zurück in die Pfanne geben, mit Zimt bestreuen, leicht salzen und behutsam durchschwenken.

Anrichten:
Suppe auf vorgewärmte Teller verteilen, mit Croûtons bestreuen.

Weintip:
o 1997er Gelber Muskateller Qualitätswein trocken, Ried Alsegg, Mayer am Pfarrplatz, Wien, Österreich
oo 1996er Semillon (barrel fermented), L'Ecole No. 41, Walla Walla, Washington, USA

Wer gleich einen ganzen Kürbis in Angriff nimmt, dem sind Gäste willkommen

Ingwer, Edelsüßpaprika, Chilischote und Kokosmilch würzen diese Suppe, die im Handumdrehen gelingt. Rote Paprika, Möhren und Staudensellerie wirken aromabildend mit. Der Clou zum Schluß sind Weißbrotwürfel, die Eckart Witzigmann erst in Butter goldbraun röstet und dann in Zimt und Salz durchschwenkt

130 Kürbis

Kürbischutney
mit einem Spieß von Jakobsmuscheln

Schwierigkeitsgrad: mittelschwer
Zubereitungszeit: 3 1/2 Stunden
plus Marinierzeit

Zutaten für 4 Personen (ergibt etwa 1500 g für 5 mittelgroße Gläser):
Kürbischutney: 800 g geputzter Kürbis (ca. 1 kg ungeputzt), Meersalz, 150 g Äpfel und 250 g Birnen (geschält und in 1,5 cm große Würfel geschnitten), 200 g gelbe und 120 g rote Paprikaschoten, 400 g gewürfelte Ananas, 200 g gewürfelte rote Zwiebeln, 1 geschälte und klein gewürfelte Mango, 4 abgezogene Knoblauchzehen, 20 g frisch geriebener Ingwer, 2 gehackte getrocknete Chilischoten, 2 Lorbeerblätter, 1 Sternanis, 3 Gewürznelken, 130 g brauner Zucker, 0,2 l Obstessig, 2 Eßl. Tomatenmark, Pfeffer, 4 entkernte, in dünne Spalten geschnittene Kumquats (Zwergorangen)
Tempurateig: 125 g Mehl, 125 g Kartoffelstärke, 4-5 Eßl. Weißwein, 0,25 l Eiswasser, 1/2 Teel. Sesamöl
Salat: 1 Eßl. Balsamessig, Salz, Pfeffer aus der Mühle, 1-2 Spritzer Zitronensaft, 2-3 Eßl. Olivenöl, 3 Eßl. Chutneyfond, 1 geputzte Staude hellgelber Löwenzahn oder Frisée, je 50 g geputzte, rote und grüne Cicorinoblätter (ital. Zichoriensalat) oder Radicchioblätter
Spieße: ausgelöstes Fleisch von 1 Hummer, 6 halbierte Nüßchen von Jakobsmuscheln, 50 g dünn geschnittene Süßkartoffelscheiben mit Schale, 2 längs halbierte Zitronengrasstengel, Salz, Pfeffer
Garnitur: fritierte Süßkartoffelscheiben, fritierte Lauchstreifen und frische Basilikumblätter

Kürbischutney: Am Vortag den Kürbis in 1,5 cm große Stücke schneiden. In eine Schüssel füllen, salzen und zugedeckt über Nacht an einem kühlen Platz ziehen lassen. Am nächsten Tag den Kürbis mit dem ausgetretenen Saft in einen Topf füllen. Äpfel- und Birnenwürfel zufügen. Paprikaschoten mit einem Sparschäler dünn schälen. Samen, Stielansatz und weiße Trennwände entfernen, Schoten in 1,5 cm große Würfel schneiden, zum Kürbis in den Topf geben. Ananas und Zwiebel zufügen. Mango, Knoblauchzehen, Ingwer, Chilis, Lorbeer, Sternanis und Nelken dazugeben. Die Mischung mit Zucker bestreuen. Essig angießen, Tomatenmark unterrühren und bei kleiner Hitze 3 Stunden köcheln lassen. Mit Meersalz und Pfeffer abschmecken. (3 Eßl. der Flüssigkeit für das Salatdressing abnehmen.) Jetzt die Kumquatsspalten unterrühren, 5 Minuten mitköcheln lassen. Noch heiß in sterilisierte oder sehr heiß ausgespülte Gläser füllen. Sofort verschließen und abkühlen lassen. Das Chutney ist im Kühlschrank mindestens 2-3 Wochen haltbar.
Tempurateig: Mehl und Stärke in eine Schüssel sieben. Weißwein und Eiswasser unterrühren, es soll ein flüssiger Teig entstehen. Sesamöl unterrühren. Durch ein Sieb passieren, für etwa 1 Stunde in den Kühlschrank stellen.
Salat: Essig mit Salz verrühren. Pfeffer und Zitronensaft zufügen. Olivenöl und Chutneyfond unterrühren. Salatblätter mischen und mit der Vinaigrette beträufeln.
Spieße: Hummerfleisch in 2 cm breite Stücke schneiden. Hummer, Jakobsmuscheln und Süßkartoffeln abwechselnd auf das Zitronengras spießen. Mit Salz und Pfeffer würzen. Tempurateig durchrühren. Spieße eintauchen, überschüssigen Teig abstreifen. In heißem Öl 3-4 Minuten fritieren, auf Küchenkrepp abtropfen lassen.

Anrichten:
Spieße auf vorbereitete Salatteller legen. Etwas Kürbischutney dazugeben. Mit Süßkartoffelchips, Lauchstreifen und Basilikumblättchen garnieren.

Weintip:
○ 1996er Chiarandà del Merlo, Tenuta di Donnafugata, Marsala, Italien
○○ 1996er Meursault „Les Tillets", Verget, Sologny, Burgund, Frankreich

Zu dem pikanten Chutney serviert Witzigmann eine Raffinesse: Hummer, Jakobsmuschel und Süßkartoffel, auf Zitronengras gespießt und in Tempurateig fritiert. Als Alternative zu dem Spieß empfiehlt er gebratenes Stubenküken. Dieses Gericht haben Eckart Witzigmann und Hans Haas, Küchenchef im Münchner „Trantis", gemeinsam für ein Galadiner in diesem Restaurant kreiert

Kürbisravioli
mit Amarettibrösel

Ravioli mit Kürbisfüllungen haben in Mantua und Umgebung eine lange Tradition. Davon hat sich Witzigmann inspirieren lassen. Er kocht den Muskatkürbis mit Senffrüchten, Zimt und Nelke zu Mus und rührt dann Chili, Parmesan und Amaretti unter. Das ist seine Füllung für Ravioli aus Kartoffelteig

Schwierigkeitsgrad: mittelschwer
Zubereitungszeit: 2 ½ Stunden

Zutaten für 4 Personen:

800 g geputzter, in 2 cm große Stücke geschnittener Muskatkürbis (ca. 1 kg ungeputzt), 1 Zimtstange, 1 Gewürznelke, 0,2 l Gemüse- oder Geflügelfond, 2 in Sirup eingelegte Senffrüchte, 1 Eßl. Sirup aus dem Senffrüchteglas, Salz, Pfeffer aus der Mühle, frisch geriebener Muskat, 125 g gewaschene mehlige Kartoffeln, je 4 Eßl. im Mörser getrennt zerstoßene Amaretti und Biscotti di Prato (in italienischen Feinkostläden erhältlich), 40 g geriebener Parmesan, ½ getrocknete, zerstoßene Chilischote, 250 g Mehl (Type 405), Mehl für die Arbeitsfläche, 1 Eßl. Olivenöl, 100 g Butter, ½ Eßl. abgeriebene Schale einer unbehandelten Orange

Backofen auf 200 Grad vorheizen. Kürbis, Zimtstange, Nelke, Fond, Senffrüchte und Sirup in eine Kasserolle geben. Mit Salz, Pfeffer und Muskat würzen. Mit Alufolie abdecken. 2 Stunden im Ofen schmoren, bis die Flüssigkeit verdampft ist. Kartoffeln in Alufolie wickeln und auf dem Ofenrost 1 Stunde mitgaren. Kasserolle aus dem Ofen nehmen. 1 Eßl. Amaretti- und 2 Eßl. Biscottibrösel, 20 g Parmesan und Chilischote unterrühren, Kürbis dabei zu grobem Mus verrühren. Nochmals abschmecken. In eine flache Form umfüllen und ganz auskühlen lassen. Kartoffeln aus der Folie wickeln, pellen, noch warm durch die Presse drücken. Das Mehl auf einer Arbeitsfläche anhäufeln, Kartoffeln darauf verteilen, salzen. Mit etwa 3-4 Eßl. Wasser zu einem glatten Teig verarbeiten. Mit einer Nudelmaschine zu dünnen Teigbahnen auswalzen. Teig auf bemehlter Arbeitsfläche auslegen. Auf die Hälfte der Bahnen im Abstand von 3 cm mit einem Löffel kleine Häufchen der Füllung setzen. Die zweite Teighälfte darüberklappen. Zwischenräume gut andrücken. Mit einem Messer quadratische Ravioli ausschneiden. Sie sollten an allen Kanten geschlossen sein. Salzwasser mit Olivenöl zum Kochen bringen. Ravioli darin etwa 2-3 Minuten garen, bis sie an die Oberfläche steigen. Mit einem Schaumlöffel herausnehmen, gut abtropfen lassen. Butter in einer Pfanne erhitzen. Restliche Gebäckbrösel und Orangenschale einstreuen, leicht bräunen. Ravioli hineingeben, durchschwenken.

Anrichten:

Ravioli auf vorgewärmte Teller geben, mit restlichen Butterbröseln aus der Pfanne beträufeln und restlichem Parmesan (20 g) bestreuen.

Tip:

Kartoffeln verlieren beim Garen im Ofen viel Flüssigkeit und eignen sich gut für den Ravioliteig. Der Teig sollte nach der Zubereitung sofort verarbeitet werden.

Weintip:

○ 1996er Busillis (Viognier) Tenuta Trerose, Montepulciano, Toskana, Italien
○○ 1996er Anthologia Sauvignon blanc, Domaine Moulins des Dames, Ribagnac, Côtes de Bergerac, Frankreich

Spitzkohl
mit Nudelschnecken

Schwierigkeitsgrad: mittelschwer
Zubereitungszeit: 2 Stunden

Zutaten für 4 Personen:
Nudelteig: 200 g Mehl (Type 405), 100 g Hartweizengrieß, 8 Eigelb, 1/3 Teel. Salz, 1 Eßl. Olivenöl
Spitzkohlfüllung: 1,2 kg Spitzkohl, 200 g Zwiebeln, 1 Knoblauchzehe, 5 Stückchen Würfelzucker, 3 Eßl. Obstessig, 4 Eßl. Gänseschmalz, Salz, Pfeffer aus der Mühle, 1 Teel. Kümmelsamen, 1 Tropfen Sonnenblumenöl, 0,1 l Weißwein, 150 g geschälte mehligkochende Kartoffeln, 1–2 Eßl. Mehl, Butter für die Form, 70 g flüssige Butter, 0,1 l zehnprozentige saure Sahne, 30 g geriebener Greyerzer, 1 Eßl. Schnittlauchröllchen zum Verzieren

Die Idee für dieses Rezept hat Eckart Witzigmann von einem ehemaligen Stammgast der „Aubergine" übernommen, der wiederum hatte es von seiner Mutter. Nur daß die statt Spitzkohl Sauerkraut für ihre Nudelfüllung nahm. Mit viel saurer Sahne und Greyerzer goldbraun überbacken, sind die Nudelschnecken unwiderstehliche Leckerbissen

Nudelteig: Auf einer Arbeitsplatte Mehl und Grieß anhäufeln, in die Mitte eine Mulde drücken. Eigelb, Salz und Olivenöl hineingeben. Mit einer Gabel verrühren, dabei das Mehl vom Rand her einarbeiten. Wird der Teig zu fest, Hände mit Wasser befeuchten, Teig erneut durchkneten. Alles möglichst schnell zu einem glatten Teig verarbeiten und zu einer Kugel formen. In Klarsichtfolie einwickeln. Etwa 1 Stunde kühl ruhen lassen.

Spitzkohlfüllung: Spitzkohl längs vierteln, Strunk entfernen, den Kohl in dünne Streifen schneiden. Zwiebeln schälen, halbieren und längs in feine Streifen schneiden. Knoblauch schälen, kleinhacken. Würfelzucker in 0,1 l Wasser leicht karamelisieren, mit Obstessig ablöschen. Gänseschmalz zugeben und schmelzen lassen. Zwiebeln und Knoblauch zufügen, farblos anschwitzen. Geschnittenen Kohl dazugeben, salzen und pfeffern. 1/2 Teel. Kümmel mit dem Sonnenblumenöl mischen, fein hacken und unter den Kohl rühren. Bei niedriger Hitze 10 Minuten dünsten. Wein angießen und 15 Minuten zugedeckt köcheln lassen. Kartoffeln in Salzwasser gar kochen. Wasser abgießen, abdämpfen, durch eine Kartoffelpresse drücken. Die Masse unter das Kraut rühren und nochmals abschmecken. Erkalten lassen.
Den Nudelteig auf einer bemehlten Arbeitsplatte ausrollen. In breite Streifen schneiden. Teigstreifen in einer Nudelmaschine in mehreren Durchgängen ausrollen. Dabei die Walzen immer enger stellen, bis der Teig dünn ist. Nudelplatten von 28 x 15 cm schneiden.
Ofen auf 180 Grad vorheizen. Auflaufform buttern. Spitzkohlfüllung auf den Teigplatten verteilen, rundherum einen etwa 2 cm breiten Rand lassen. Straff aufrollen. Teigränder andrücken. Rollen mit einem scharfen Messer in etwa 4 cm breite Stücke schneiden. Teigrollen aufrecht in die Auflaufform stellen. Mit flüssiger Butter beträufeln. Restlichen Kümmel hacken, darüberstreuen. Im Ofen 45 Minuten backen.

Anrichten:
Saure Sahne mit Salz und Pfeffer abschmecken, glattrühren. Auf der Oberfläche des Auflaufs verteilen, mit geriebenem Greyerzerkäse bestreuen. Unter dem Grill goldgelb gratinieren. Schnittlauchröllchen aufstreuen und sofort servieren.

Weintip:
• 1995er Copertino rosso Riserva, Cantina Sociale di Copertino, Apulien, Italien
•• 1995er Sulbric, Franco M. Martinetti, Torino, Piemont, Italien

Witzigmann macht Schichtarbeit mit in Butter gebratenen Wirsingblättern und einem Püree aus Kartoffeln und Wirsing, den er in Gänseschmalz mit Zwiebeln und Knoblauch dünstet. Falls der Gemüsehändler noch Pfifferlinge zu bieten hat: Mit wenig Butter im eigenen Saft dünsten und auf die Wirsingtürmchen häufeln. Empfehlung vom Koch: Die gefüllten Blätter passen bestens zu deftigem Schweinebraten

Gebratene Wirsingblätter
mit Püreefüllung

Schwierigkeitsgrad: leicht
Zubereitungszeit: 1 Stunde

Zutaten für 4 Personen:
Wirsingblätter und -füllung:
1,2 kg Wirsing, Salz, 3–4 Eßl. Gänseschmalz, 80 g Zwiebeln, 1 Knoblauchzehe, Pfeffer, frisch geriebener Muskat, 600 g geschälte mehligkochende Kartoffeln, 150 g Butter, etwa 0,1 l heiße Milch, 1–2 Eßl. Sonnenblumenöl
Pfifferlinge: *60 g Butter, 250 g Pfifferlinge, Salz, Pfeffer aus der Mühle, 2 Eßl. gehackte Petersilie*

Wirsingblätter und -füllung: Äußere, dunkle Blätter vom Wirsing entfernen. 12 schöne, innere Blätter abnehmen, in Salzwasser blanchieren. In Eiswasser abschrecken, gut abtropfen lassen und auf Küchenkrepp ausbreiten. Mittelrippen flachschneiden. Weitere 300 g Wirsing für das Püree abwiegen, blanchieren, abschrecken. In feine Streifen schneiden und beiseite stellen. Der restliche Wirsing wird für dieses Rezept nicht mehr gebraucht. Gänseschmalz zerlassen. Zwiebeln und Knoblauch schälen, kleinhacken. Ins Gänseschmalz geben, farblos anschwitzen. Feingeschnittenen Wirsing zugeben, mit Salz, Pfeffer und Muskat abschmecken. Bei niedriger Hitze in etwa 15 Minuten weich dünsten, warm halten.
Kartoffeln in Salzwasser weich kochen, abgießen, abdämpfen lassen. Durch eine Kartoffelpresse drücken. 100 g Butter einarbeiten, Milch dazugeben, alles gut verrühren. Feingeschnittenen Wirsing unterheben, nochmals abschmecken und warm halten.
In einer Pfanne Sonnenblumenöl und die restliche Butter (50 g) zerlassen. Wirsingblätter bei mittlerer Hitze von beiden Seiten kroß braten. Auf Küchenpapier abtropfen lassen.

Pfifferlinge: Butter in einem Topf zerlassen. Pfifferlinge trocken putzen, große halbieren, kleine ganz lassen. Pilze in den Topf geben, etwa 5 Minuten im eigenen Saft dünsten. Mit Salz und Pfeffer würzen. Petersilie zugeben und durchschwenken.

Anrichten:
Auf vorgewärmte Teller je ein gebratenes Wirsingblatt legen. Jeweils ein Achtel des Pürees daraufsetzen, mit einem weiteren Wirsingblatt abdecken. Wieder je ein Achtel Püree darauf verteilen. Mit einem dritten Wirsingblatt zudecken. Pfifferlinge mit Petersiliensauce darauf und rundherum anrichten.

Tip:
Unter das Wirsingpüree gedünstete Möhren- und Petersilienwurzelwürfel mischen. So bekommt es mehr Biß.

Weintip:
• 1995er Vino nobile di Montepulciano, Tenuta Trerose, Toskana, Italien
•• 1993er Brunello di Montalcino, Siro Pacenti, Toskana, Italien

Filderkraut

mit Fleckerln

Schwierigkeitsgrad: mittelschwer
Zubereitungszeit: 2 Stunden

Zutaten für 4 Personen:

Nudelteig: 200 g Mehl (Type 405), 100 g Hartweizengrieß, 8 Eigelb, 1/3 Teel. Salz, 1 EßI. Olivenöl, Mehl zum Bestäuben

Kohlgemüse: 1,2 kg Filderkraut (Spitzkohl), 200 g Zwiebeln, 1 Knoblauchzehe, 6 Stückchen Würfelzucker, 3 EßI. Obstessig, 2 EßI. Gänse- oder Schweineschmalz, 1 Teel. Kümmelsamen, 1 Tropfen Sonnenblumenöl, Salz, Pfeffer, geriebener Muskat, 0,1 l Weißwein, 1 EßI. Butter zum Einfetten, 80 g durchwachsener Speck, 1 EßI. Olivenöl, außerdem 1 EßI. gehackte Petersilie, evtl. 6 EßI. Schweinebratensauce (ein gewürztes Stück Schweinebratenfleisch in den vorgeheizten Ofen schieben, gewürfeltes Röstgemüse, z. B. Möhren, Sellerie und Lauch, zufügen und je Kilo Fleisch dreimal mit insgesamt 0,4 l Wasser ablöschen. Den durchgesiebten und entfetteten Fond einkochen.)

Nudelteig: Der Teig wird wie im Rezept auf Seite 135 zubereitet. Weiterverarbeitung nach dem Ruhen: Teig auf einer bemehlten Arbeitsfläche sehr dünn ausrollen und mit einem großen Messer in Rauten von etwa 6 cm Kantenlänge schneiden. Ein Tuch dünn mit Mehl bestäuben, Fleckerln darauflegen und die Oberfläche trocknen lassen.

Kohlgemüse: Ofen auf 175 Grad vorheizen. Kohlkopf längs halbieren, den Strunk entfernen. Kraut in größere Stücke schneiden. Zwiebeln und Knoblauchzehe schälen und kleinschneiden. In einem ofenfesten Topf Würfelzucker in 0,1 l Wasser karamelisieren, mit Obstessig ablöschen. Schmalz darin zerlassen. Zwiebeln und Knoblauch zugeben, hell anschwitzen. Kümmel mit Sonnenblumenöl mischen, fein hacken, zugeben. Kraut zufügen, mit Salz, Pfeffer und Muskat würzen. Weißwein zugießen. Mit gebuttertem Pergamentpapier abdecken. In die Mitte des Papiers ein fingerdickes Loch drücken. Topf in den Ofen stellen und das Kraut etwa eine Stunde weich dünsten. Bei Bedarf etwas Wasser angießen. Speck in kleine Würfel schneiden, in eine große Kasserolle geben und bei niedriger Hitze langsam ausbraten. Reichlich Salzwasser mit Olivenöl zum Kochen bringen, Fleckerln darin 2-3 Minuten sprudelnd kochen. Abgießen, aber nicht abschrecken. Kraut aus dem Ofen nehmen und zum Speck in die Kasserolle legen. Fleckerln dazugeben. Durchschwenken, mit Salz und Pfeffer abschmecken.

Anrichten:
Auf vorgewärmte Teller verteilen, mit Petersilie bestreuen und eventuell mit Schweinebratensauce beträufeln.

Tip für Vegetarier:
An Stelle des Specks geräucherten Tofu verwenden.

Weintip:
- 1995er Merlot, Castillo de Monjardin, Navarra, Spanien
- • 1997er Shiraz Reserve, Fox Creek, McLaren Vale, Australien

Richtig gut wird diese winterliche Pasta mit Witzigmanns Schweinebratensauce

Filderstadt bei Stuttgart ist bekannt für seine ausgedehnten Spitzkohlfelder, dort heißt der spitz zulaufende Kohlkopf darum Filderkraut. Witzigmann dünstet es mit Zwiebeln, Knoblauch und Kümmel in Schmalz und Weißwein. Dazu: Nudelrauten, gebratener Speck und, so mag es E. W. am liebsten, kräftige Sauce

Die feine Pastete eignet sich als Vorspeise oder als Begleiter zu Geflügel. Die Maronen ritzt der Koch etwas ein, im heißen Ofen platzen die Schalen auf und sind dann leicht abzuziehen. Das Maronenpüree mit Kirschwasser und Sahne krönt Witzigmann mit einer Sauce aus Kalbsjus, Madeira, Cognac und feingehackter schwarzer Trüffel. Dazu gibt's pochierte Wachteleier

Blätterteigpastete

mit Maronenpüree und Trüffelsauce

Schwierigkeitsgrad: mittelschwer
Zubereitungszeit: 1 1/2 Stunden

Zutaten für 4 Personen:
Pasteten: *Mehl zum Ausrollen, 250 g frischer Blätterteig (vom Konditor, ersatzweise Tiefkühlteig), 1 Eigelb zum Bestreichen*
Maronenpüree: *600 g Maronen (geschält und gehäutet etwa 300 g), 1 Stück Würfelzucker, etwa 0,3 l Geflügelfond, 1 Bouquet garni (2 Petersilienstengel, 10 cm Staudensellerie), etwa 0,1 l heiße Milch, Salz, frisch geriebener Muskat, 2 Teel. Kirschwasser, 2 Eßl. Schlagsahne, 2 Eßl. heiße gebräunte Butter*
Trüffelsauce: *0,5 l Kalbsjus, 3 Eßl. Butter, 20 g feingehackte schwarze Trüffeln, 2-3 Eßl. Madeira, Salz, 1 Eßl. heiße, gebräunte Butter, 1 Spritzer Cognac, 80 g Knollensellerie, 0,1 l Geflügelfond, Pfeffer aus der Mühle, 8 pochierte Wachteleier*

Pasteten: Auf einer bemehlten Arbeitsfläche Blätterteig 3 mm dick ausrollen. Vier Kreise von 12 cm Durchmesser ausstechen und auf ein mit Backpapier ausgelegtes Brett geben. Im Kühlschrank 30 Minuten ruhen lassen. Blätterteig mit Eigelb bestreichen, mit dem Backpapier auf ein Blech legen, im Ofen bei 220 Grad 5 Minuten backen. Hitze auf 190 Grad reduzieren, weitere 15-20 Minuten backen. Herausnehmen, etwas abkühlen lassen. Von dem Gebäck einen Deckel abschneiden, die untere Hälfte etwas aushöhlen.
Maronenpüree: Maronen mit einem kleinen, scharfen Messer rundherum einritzen, ohne das Fruchtfleisch zu verletzen. Bei 220 Grad 10-15 Minuten im Ofen rösten. Herausnehmen, Schale und dünne Innenhaut entfernen. Maronen dabei mit einem Küchentuch festhalten. Würfelzucker und 3-4 Eßl. Wasser in einem Topf leicht karamelisieren. Maronen zugeben, unter ständigem Rühren anbräunen. Etwas Geflügelfond angießen, sie sollen gerade bedeckt sein. Bouquet garni einlegen. 40 Minuten kochen, bis fast alle Flüssigkeit verdampft ist. Eventuell Fond nachgießen. Vier ganze Maronen für die Garnitur beiseite legen. Bouquet garni entfernen. Maronen zerdrücken, durch ein Sieb passieren. Maronenpüree mit heißer Milch glattrühren. Mit Salz und Muskat abschmecken, Kirschwasser zugeben, Schlagsahne unterziehen. Vor dem Servieren die gebräunte Butter unterrühren.
Trüffelsauce: Kalbsjus auf 0,1 l einkochen. 2 Eßl. Butter in einem Topf zerlassen, Trüffelwürfelchen zugeben, anschwitzen. Mit Madeira ablöschen, auf die Hälfte einkochen. Kalbsjus zugeben, 5 Minuten köcheln. Salzen, braune Butter einrühren. Mit Cognac abschmecken. Sellerie schälen, fein würfeln und im restlichen Eßl. Butter anschwitzen. Geflügelfond zugießen. Mit Salz und Pfeffer würzen. Bei niedriger Hitze 10 Minuten köcheln.

Anrichten:

Pasteten auf Teller legen. Die untere Hälfte mit Maronenpüree füllen und mit etwas Trüffelsauce beträufeln. Selleriewürfel aufstreuen und ein Wachtelei hineinsetzen. Pastetendeckel auflegen. Maronen und übrige Wachteleier in die Sauce legen. Mit der restlichen Sauce beträufeln.

Weintip:

- 1992er Cabernet Sauvignon, Terre Rosse, Zola Predosa, Emilia-Romagna, Italien
- 1995er Cabernet Sauvignon Reserve, Château Xanadu, Margaret River, Westaustralien

Maronensamtsuppe

mit Steinpilzen, Knollensellerie und Walnüssen

Schwierigkeitsgrad: leicht
Zubereitungszeit: 1 Stunde

Zutaten für 4 Personen:

Suppe: 20 g kleingeschnittener Schinkenspeck, 1 Stück Würfelzucker, 40 g kleingeschnittene Zwiebel, 40 g geputzter, in Scheiben geschnittener Staudensellerie, 50 g geputzte, gewürfelte Möhren, 50 g geputzte Steinpilze (ersatzweise andere Pilze der Saison), 1 kleines Stück Lorbeerblatt, 1 Scheibe einer Knoblauchzehe, 300 g geschälte Maronen (600 g ungeschält), 2 Eßl. Butter, 2-3 Eßl. Madeira, 2-3 abgezupfte helle Sellerieblättchen, 4 Eßl. Prosecco, 2 Eßl. Geflügelglace (stark eingekochter Geflügelfond), 0,8 l Geflügelfond (oder Wildfond), 1 kleines Bouquet garni (1 Petersilienstengel, 1 Thymianzweig, 10 cm Stangensellerie), Salz, Pfeffer aus der Mühle, 80 g halbsteif geschlagene Sahne

Einlage: 80 g geschälter, in 1/2 cm große Würfel geschnittener Knollensellerie, Salz, 1 Prise Zucker, 1 Spritzer Zitronensaft, 1 Eßl. Butter, 4 Maronen (aus dem Suppenrezept), 1 Eßl. Geflügelglace, 4 kleine Steinpilze, 1 Eßl. Olivenöl, Pfeffer aus der Mühle, 20 g gehäutete Walnußkerne, frisch geknackt, evtl. 1 Eßl. Trüffeljus

Suppe: Speck in einem Topf ausbraten, herausnehmen, beiseite stellen. Würfelzucker und 3-4 Eßl. Wasser in den Topf geben, leicht karamelisieren. Zwiebeln, Sellerie und Möhren zufügen, anschwitzen. Steinpilze, Lorbeerblatt, Knoblauch und Maronen zugeben, alles 1 Minute anbraten. Speck wieder zugeben, Butter unterrühren. Mit Madeira ablöschen, etwas einkochen lassen. Sellerieblättchen einlegen, Prosecco zugeben. Wieder einkochen. Geflügelglace zufügen, 15 Minuten bei niedriger Hitze dünsten. Geflügelfond angießen, Bouquet garni einlegen. Salzen, pfeffern, 30 Minuten sanft köcheln. Vier Maronen für die Garnitur zurücklegen. Suppe pürieren, durch ein Sieb passieren. Abschmecken. Vor dem Servieren mit einem Mixstab aufschäumen. Schlagsahne behutsam unterheben.

Einlage: Sellerie mit Salz, Zucker, Zitronensaft, Butter und 0,15 l Wasser in einem kleinen Topf 15 Minuten köcheln lassen. Das Wasser sollte am Ende fast verkocht sein. Maronen zufügen, Geflügelglace zugeben. 5 Minuten dünsten. Steinpilze in Olivenöl 1 Minute braten, mit Salz und Pfeffer würzen. Nüsse zugeben, kurz mitbraten. Evtl. etwas Trüffeljus aufträufeln.

Anrichten:

Steinpilze, Nüsse, Sellerie und Maronen in tiefe Teller geben. Heiße Suppe daraufgießen, sofort servieren.

Weintip:

- 1995er Vacqueyras Château des Tours, Emmanuel Reynaud, Rhône, Frankreich
- 1978er Vernaccia di Oristano Riserva, Attilio Contini, Cabras, Sardinien, Italien

Von nichts kommt nichts:
Nur mit bestem Fond
gelingt eine exquisite Suppe

Die besten Walnüsse kommen aus Grenoble. Witzigmann brät sie zusammen mit Steinpilzen in Olivenöl als Suppeneinlage. Als Basis der Suppe karamelisert er erst Speckfett, fügt Maronen und Gemüse zu, löscht mit Madeira ab und kocht erneut mit Prosecco ein. Kräftige Geflügelglace und Geflügelfond dienen als Garflüssigkeit. Das alles wird zum Schluß püriert, mit dem Mixstab aufgeschlagen und mit halbsteif geschlagener Sahne verfeinert

Ein wenig Zucker hebt das Maronenaroma, so auch bei dieser deftigeren Zubereitung. Den Rosenkohl kocht Witzigmann vor und schreckt ihn in Eiswasser ab, das erhält die schöne grüne Farbe. Dann brät er ihn mit Speck in Schmalz, fügt Champignons und schließlich karamelisierte Möhren hinzu

Glasierte Maronen

mit Rosenkohl und Wurzelgemüse

Schwierigkeitsgrad: mittelschwer
Zubereitungszeit: 1 ½ Stunden

Zutaten für 4 Personen:

*4 Eßl. Butter, 5 Stücke Würfelzucker, 300 g geschälte und gehäutete Maronen (600 g ungeschält), 0,25 l Geflügelfond,
250 g geputzter Rosenkohl, Salz,
80 g durchwachsener Speck,
1 gestrichener Eßl. Gänseschmalz,
150 g geputzte kleine, weiße Champignons, Pfeffer aus der Mühle, frisch geriebener Muskat,
150 g geputzte, in 2-3 mm dicke Scheiben geschnittene Möhren,
200 g geschälte milde Zwiebeln,
1 Prise Zucker, 80 g geschälte, halbierte Petersilienwurzeln,
1 Eßl. grob gehackte Petersilie*

½ Eßl. Butter und 3 Stücke Würfelzucker in einem Topf erhitzen, bis der Zucker leicht karamelisiert ist. Maronen hineingeben, unter ständigem Rühren leicht bräunen. Geflügelfond angießen. Bei niedriger Hitze im offenen Topf etwa 25 Minuten kochen, bis die Flüssigkeit verdampft ist. Die Maronen sollen glänzen. Rosenkohl in kochendes Salzwasser geben, 10 Minuten garen, aber nicht weich werden lassen. In Eiswasser abschrecken, abtropfen lassen. Speck in Streifen schneiden, blanchieren, abtropfen lassen. Speck in Gänseschmalz 2-3 Minuten anbraten. Champignons zufügen, kurz mitbraten. Speck herausnehmen, beiseite stellen. 2 Eßl. Butter und den Rosenkohl zugeben. Mit Salz, Pfeffer und Muskat würzen. 10 Minuten dünsten. 1 Stück Würfelzucker mit 3-4 Eßl. Wasser in einen Topf geben, hellbraun karamelisieren. Möhrenscheiben darin leicht anschwitzen. Mit 0,2 l Waser bedecken. ½ Eßl. Butter zufügen, salzen und etwa 20 Minuten köcheln lassen, bis die Flüssigkeit verdampft ist. Zwiebeln in kochendem Salzwasser mit 1 Prise Zucker 5 Minuten garen. Abtropfen lassen.

Restliches Stück Würfelzucker und 3-4 Eßl. Wasser in einem Topf hell karamelisieren. Zwiebeln zufügen. Unter Rühren leicht Farbe annehmen lassen. 0,2 l Wasser angießen, salzen, pfeffern. 1 Blatt Pergamentpapier in der Größe des Topfdurchmessers mit der restlichen Butter bestreichen. In die Mitte ein kleines Loch schneiden, auf die Zwiebeln legen. 20 Minuten köcheln lassen. Petersilienwurzeln zufügen, weitere 10 Minuten köcheln lassen. Pergamentpapier entfernen. Maronen, Speck, Rosenkohl, Champignons und Möhren zugeben. Behutsam mischen. Petersilie unterheben und nochmals abschmecken.

Anrichten:

Im Topf zur Selbstbedienung auf den Tisch stellen. Witzigmann empfiehlt als Beilage geräuchertes Fleisch, Gans, Ente, Perlhuhn oder Schweinebraten.

Weintip:

• 1996er Rasteau Cuvée Confiance, Domaine La Soumade, Rasteau, Frankreich
•• 1996er Pinot noir, Clarendon Hills, McLaren Vale, Australien

Karamelisierter Chicorée

mit Trüffeln

Schwierigkeitsgrad: leicht
Zubereitungszeit: 1 Stunde

Zutaten für 4 Personen:

120 g Möhren, 100 g Staudensellerie, 3 Eßl. Butter, Salz, Pfeffer aus der Mühle, 2 Chicoréekolben (je etwa 200 g), 5 Eßl. Sonnenblumenöl, 1 Teel. Puderzucker, 1–2 Spritzer Zitronensaft, 100 g Steinpilze (oder Champignons, Egerlinge), 20 g schwarze Trüffeln (Alternative, siehe rechts), 1 Eßl. weißer Portwein, 4–5 Eßl. Kalbsjus

Möhren schälen, längs halbieren, den Mittelstrang mit einem kleinen Kugelausstecher entfernen, dann quer in dünne Scheiben schneiden. Staudensellerie putzen, in Scheibchen schneiden. In einer Kasserolle 1 Eßl. Butter zerlassen, Möhren und Sellerie hineingeben, leicht salzen und pfeffern. 10–15 Minuten dünsten, ab und zu umrühren. Die bitteren Endstücke vom Chicorée abschneiden, in Blätter teilen. Waschen, gut abtropfen lassen. In einer Pfanne die restliche Butter (2 Eßl.) und 3 Eßl. Sonnenblumenöl erhitzen, mit Puderzucker bestäuben. Chicorée zugeben, salzen, pfeffern, mit Zitronensaft beträufeln. Gedünstete Möhren und Sellerie darauf verteilen und bei niedriger Hitze 10 Minuten karamelisieren lassen.
In einer zweiten Pfanne restliches Sonnenblumenöl (2 Eßl.) erhitzen. Steinpilze möglichst trocken putzen. Pilze längs in Scheiben schneiden, in die Pfanne geben. Kurz darin braten, salzen, pfeffern. Zum Chicorée geben, durchschwenken. Trüffeln sehr sorgfältig unter fließendem Wasser abbürsten. Wenn sich der Sand aus den tiefen Furchen nicht löst, schälen. Mit einem Trüffelhobel auf den Chicorée hobeln.

Anrichten:

Gemüse auf vorgewärmten Tellern anrichten. Bratenfond mit Portwein und Kalbsjus ablöschen. Aufkochen lassen, über den Chicorée träufeln.

Alternative:

Zum karamelisierten Chicorée paßt auch diese Möhren-Orangen-Sauce, die anstelle von Trüffeln über den Salat gegeben wird.

300 g Möhren, Saft von 2 Orangen, 5 g feingehackter Ingwer, 1 Stück Würfelzucker, 50 g kalte Butterwürfelchen, Salz

Möhren schälen, in der Maschine entsaften. Möhrensaft, Orangensaft, Ingwer und Zucker zum Kochen bringen. Auf die Hälfte reduzieren. Butter Stück für Stück mit dem Schneebesen einrühren, abschmecken. Der karamelisierte Chicorée paßt zu Gebratenem wie Wildgeflügel, Perlhuhn, Garnelen und Jakobsmuscheln. Außerdem kann er mit Sellerie- und Maronenpüree kombiniert werden.

Weintip:

- 1996er Quinta do Côtto Red, Quinta do Côtto, Douro, Portugal
- • 1996er Montiano, Azienda Vinicola Falesco, Montefiascone, Latium, Italien

Bittersüße Kontraste machen
den Reiz von Rezepten
mit Chicorée erst aus

Staudensellerie und Möhren schmort der Koch in Butter, die Chicoréeblätter werden beim Dünsten mit Puderzucker karamelisiert. Gebratene Steinpilze oder Roséchampignons mischt Witzigmann schließlich mit den Gemüsen und hobelt schwarze Trüffeln auf. Anstelle von Trüffeln: Saft von Möhren und Orange einkochen und mit feingehacktem Ingwer kräftig würzen

Kalbshaxe und -schwanz hat Witzigmann schon angebraten und zum Schmoren in den Ofen geschoben. Jetzt bleibt genügend Zeit, Chicorée in Zitronenwasser vorzukochen und dann in Butter zu braten. Außerdem bereitet er aus Rosenkohl und Butter noch ein Püree zu. Beide Gemüse begleiten das Fleisch, der herzhafte Bratenfond ist ideal als Sauce

Geschmorter Chicorée

mit Kalbshaxe und Kalbsschwanz

Schwierigkeitsgrad: leicht
Zubereitungszeit: 4 Stunden

Zutaten für 4 Personen

Kalbshaxe: *1 Kalbshaxe (etwa 2 kg), Salz, 500 g Kalbsschwanz (oder 500 g Kalbsknochen), 100 g Zwiebeln, 100 g Schalotten, 2 Knoblauchzehen, 200 g Möhren, 100 g Staudensellerie mit Grün, Pfeffer aus der Mühle, 4 Eßl. Butter, 2 Eßl. Sonnenblumenöl, 1 Rosmarinzweig, 2 Lorbeerblätter, 0,15 l Weißwein, 100 g kleine, weiße Champignons, 80 g kleine Zwiebeln*
Chicorée: *Saft von 1 Zitrone, Salz, 1 Teel. Zucker, 2 Eßl. Obstessig, 4 Chicoréekolben (je 150 g), doppelgriffiges Mehl zum Bestäuben, 5 Eßl. Butter, 1 Teel. Puderzucker*
Rosenkohlpüree: *400 g geputzter Rosenkohl, Salz, 4 Eßl. Butter, 0,25 l Geflügelfond, frisch geriebener Muskat, 0,1 l Sahne, 1 Eßl. gehackte Petersilie*

Kalbshaxe: Kalbshaxe in kochendes Salzwasser legen. Sie sollte eben bedeckt sein. Hitze reduzieren, 1 Stunde ziehen lassen. Kalbsschwanz in 5 cm große Stücke schneiden. Zwiebeln, Schalotten, Knoblauchzehen und Möhren schälen. Staudensellerie putzen, Grün aufheben. Das Gemüse in 3 cm große Stücke schneiden. Kalbshaxe aus dem Wasser nehmen, abtropfen lassen. Haxe und Kalbsschwanz mit Salz und Pfeffer würzen. Butter und Öl in einem Bräter erhitzen. Haxe und Kalbsschwanz (oder Knochen) darin anbraten. Gemüse, Selleriegrün, Rosmarinzweig und Lorbeer einlegen. Kasserolle für 1 Stunde in den auf 180 Grad vorgeheizten Ofen schieben. Weißwein angießen, in weiteren 1 1/2 Stunden fertig braten. Während der Bratzeit nach und nach maximal 0,5 l Wasser angießen. Haxe immer wieder mit Bratenfond begießen. Champignons und Zwiebeln putzen, in den letzten 30 Minuten mitbraten lassen. Am Ende der Bratzeit Fond durch ein Sieb gießen, etwas einkochen lassen. (Knochen evtl. entfernen.)
Chicorée: 1–1 1/2 l Wasser, Zitronensaft, Salz, Zucker und Obstessig zum Kochen bringen. Den geputzten Chicorée einlegen. 10–15 Minuten köcheln lassen. Herausheben, in Eiswasser abschrecken, sehr gut abtropfen lassen. Chicoréekolben längs halbieren, mit Mehl bestäuben. Butter in einer Kasserolle zerlassen. Chicorée mit der Schnittfläche nach unten hineinlegen. Mit Puderzucker übersieben, bei niedriger Hitze 2–3 Minuten braten, dabei mit der Butter beträufeln. Chicorée in den letzten 20 Minuten der Bratzeit zu der Haxe legen. Chicoréefond mit 4 Eßl. Wasser ablöschen, aufkochen. Zur Haxe geben.
Rosenkohlpüree: Rosenkohl an der Schnittstelle kreuzweise einschneiden, in kochendes Salzwasser geben, 15 Minuten kochen. Herausheben, in Eiswasser abschrecken. Gut abtropfen lassen und kleinhacken. Butter in einem Topf zerlassen, Rosenkohl zufügen. Kurz darin anschwitzen, mit Geflügelfond aufgießen, 15 Minuten köcheln lassen. Mit einem Mixstab pürieren, mit Salz und Muskat würzen. Sahne und Petersilie unterrühren.

Anrichten:

Haxe aus dem Ofen nehmen, tranchieren. Fleisch auf vorgewärmten Tellern mit den Kalbsschwanzstücken, Chicorée, Rosenkohlpüree und restlichem Gemüse anrichten. Mit dem Bratenfond beträufeln.

Weintip:

• 1997er Onix Tinto, Vinicola del Priorat, Gratallops, Spanien
•• 1996er Il Carbonaione, Podere Poggio Scalette, Greve in Chianti, Toskana, Italien

Gefüllter Chicorée
mit einer Nußöl-Trüffel-Vinaigrette

Schwierigkeitsgrad: mittelschwer
Zubereitungszeit: 1 1/2 Stunden

Zutaten für 4 Personen

Gefüllter Chicorée: *4 Chicoréekolben (je 150 g), Saft von 1 Zitrone, 2 Eßl. Puderzucker, Salz, 60 g Schalotten, 150 g weiße Champignons, 120 g Möhren, 100 g Stangensellerie, 9 Eßl. Butter, 11 zerdrückte Wacholderbeeren, Pfeffer aus der Mühle, geriebener Muskat, 20 g gehäutete, gehackte frische Walnußkerne, 5–6 Eßl. Sahne, 1/2 Eßl. gehackte Sellerieblätter, 30 g entrindetes Weißbrot, 1 Eßl. Walnußöl, doppelgriffiges Mehl zum Bestäuben, 1 Eßl. roter Portwein*

Nußölvinaigrette: *4 Eßl. Balsamessig, Salz, Pfeffer aus der Mühle, 1 Prise Zucker, 2 Eßl. Madeira, 2 Eßl. Olivenöl extra vergine, 2 Eßl. Walnußöl, 4 Eßl. Sonnenblumenöl, 15 g gehackte schwarze Trüffeln, 1 gehackte schwarze Walnuß (im Feinkostladen erhältlich), 1 Eßl. gehäutete, gehackte frische Walnußkerne, 80 g gehäutete, halbierte, entkernte Muskattrauben*

Gefüllter Chicorée: Chicorée putzen, jeweils 2 Kolben in kochfeste Gefrierbeutel legen. Mit Zitronensaft, Puderzucker und Salz würzen. Beutel fest verschließen, in kochendes Wasser legen. Mit einem Teller beschweren, damit sie von Wasser bedeckt bleiben. 15–20 Minuten köcheln lassen. Beutel anschließend kurz in eiskaltes Wasser legen. Herausnehmen, Chicorée aus dem Beutel heben und die Flüssigkeit abgießen. Beiseite legen. Schalotten, Champignons, Möhren und Sellerie putzen, alles sehr fein würfeln. 4 Eßl. Butter zerlassen, 7 Wacholderbeeren zugeben, Schalotten zufügen. Farblos anschwitzen und pfeffern. Champignons zugeben, kurz anschwitzen. Möhren und Sellerie dazugeben, salzen, pfeffern, mit Muskat würzen. Walnüsse zufügen, weitere 5 Minuten dünsten. Sahne und Sellerieblättchen zugeben, 5 Minuten köcheln. Wacholderbeeren entfernen. Weißbrot fein würfeln, in 2 Eßl. Butter rösten, leicht salzen. Unter das Gemüse mischen. Etwas abkühlen lassen. Chicorée wie eine Blüte aufblättern. Die einzelnen Blätter mit der Gemüsemischung bestreichen. Wieder zusammenfügen, mit Küchengarn quer zusammenbinden. Walnußöl und restliche Butter (3 Eßl.) in einer Pfanne zerlassen. Restliche 4 zerdrückte Wacholderbeeren zugeben. Chicorée mit Mehl bestäuben, in der Pfanne 10–15 Minuten leicht braten. Immer wieder mit Butter begießen. Die Kolben sollen hellbraun werden. Salzen. Aus der Pfanne heben, warm halten. Vor dem Servieren Bratensatz mit 3 Eßl. Wasser und Portwein ablöschen, unter Rühren aufkochen.

Nußölvinaigrette: Essig, Salz, Pfeffer und Zucker gut verrühren, bis der Zucker ganz aufgelöst ist. Madeira und Öle unterrühren. Trüffeln und Nuß dazugeben. Abschmecken.

Anrichten:
Chicorée ohne Küchengarn auf vorgewärmten Tellern anrichten. Mit Nußölvinaigrette beträufeln. Mit Nüssen und Trauben garnieren. Portweinsauce auf das Gemüse träufeln.

Weintip:
• 1995er La Petite L'Église, L'Église-Clinet, Pomerol, Bordeaux, Frankreich
•• 1996er Poggio ai Chiari, Colle Santa Mustiole, Chiusi, Toskana, Italien

Für dieses Rezept nicht zuviel aus dem Strunk der Chicoréekolben herausschneiden, sonst fallen sie auseinander. Den Zusammenhalt fördert auch Witzigmanns Trick mit dem Garen im Kochbeutel. Danach blättert er den Chicorée vorsichtig auf und füllt ihn Schicht für Schicht mit einem Mix aus Gemüsen, Bröseln, Wacholderbeeren und Walnüssen. Dann schnürt er die Kolben wieder zusammen und bestäubt sie vor dem Braten mit Mehl

Warenkunde
für den Winter

Muskatkürbis

Steckbrief:
Er wird auch Moschuskürbis genannt und ist eine von über 800 verschiedenen Kürbisarten. Die kulinarische Bedeutung der Kürbisse wird meist noch unterschätzt: Traditionell werden sie süß-sauer eingelegt und zu Röstkartoffeln oder gebratenem Fleisch serviert. Sie eignen sich jedoch auch für pikante Chutneys, kraftvolle Suppen und als vielseitig kombinierbare Gemüsebeilage.

Vom Markt in die Küche:
Kühl und trocken gelagert, halten sich Kürbisse im Ganzen mehrere Monate, tiefgefrorene rohe Stücke bleiben eine halbes Jahr lang haltbar, und einzelne Abschnitte können, mit Frischhaltefolie bedeckt, einige Tage im Kühlschrank aufbewahrt werden.

Was drin steckt:
Das leuchtende Orange des Kürbisfleisches verrät den wichtigsten Inhaltsstoff: Beta-Karotin. Magnesium, Kalium, Eisen, Phosphor und Kieselsäure sowie vier B-Vitamine und eine ausgewogene Natrium-Kalium-Mischung bietet das Gemüse ebenfalls.

Spitzkohl

Steckbrief:
Der Verwandte des Weißkohls mit dem zipfelmützenartigen Profil wird auch als Herbstweißkohl bezeichnet. Die Blätter sind locker zusammengesetzt, von zarter Konsistenz und im Aroma feiner als Weißkohl. Von April bis Dezember wird Spitzkohl aus heimischen Ernten, vor allem auch aus dem schwäbischen Filderstadt angeboten – daher stammt der Name Filderkraut.

Vom Markt in die Küche:
Das leicht verdauliche Gemüse ist schon nach wenigen Minuten Dünst- oder Kochzeit gar. Das angenehm süßlich schmeckende Kraut paßt als Beilage, pikant abgeschmeckt und mit Crème fraîche verfeinert, gut zu Kalbfleisch und Geflügel. Große, kräftige Blätter können nach dem Blanchieren gefüllt und sanft geschmort werden. Spitzkohl ist auch als Hauptzutat in Eintöpfen oder Suppen beliebt. Erntefrische Köpfe halten sich im Gemüsefach des Kühlschranks etwa zwei Tage.

Was drin steckt:
Eine gehaltvolle und gesunde Mischung aus pflanzlichem Eiweiß, Mineralstoffen und Vitaminen.

Wirsing

Steckbrief:

Er ist das ganze Jahr über zu haben, doch die im Herbst und Winter geernteten Köpfe sind dicker, fester und würziger als die sommerliche Verwandtschaft. Der Wirsingbedarf wird fast ausschließlich aus heimischen Kulturen gedeckt.

Vom Markt in die Küche:

Wirsing ist grün und gelb gefärbt, und die an den Rändern kraus gewellten Blätter sind ein Hinweis auf gute Qualität. Nur fest geschlossene Köpfe kaufen, deren Deckblätter lose, aber nicht welk sein sollten. Die Haute cuisine hat den Liebling der bürgerlichen Küche wiederentdeckt. Gedünstet, geschmort, gekocht oder gefüllt kommt er mit neuer Raffinesse auf den Tisch. Er paßt, cremig angemacht, zu Entenbrust, verträgt sich mit mediterranen Kräutern und harmoniert mit Leber, rohem Schinken und Fisch.

Was drin steckt:

Der Wirsing gehört zu den gesundheitlich besonders wertvollen Kohlsorten. Er hat es in sich: reichlich Chlorophyll und Eiweiß, heilsame Schwefelöle, Eisen, Phosphor, Vitamin A, mehrere B-Vitamine und eine großzügige Portion Vitamin C.

Maronen

Steckbrief:

Eßkastanien waren vor Einführung der Kartoffel das wichtigste Nahrungsmittel in Europa. Ihre Bedeutung ging zurück, ihre guten Eigenschaften jedoch wurden nicht vergessen: Die Nuß des Kastanienbaums ist sehr aromatisch, nahrhaft und gesund. Je nach Jahreszeit werden drei verschiedene Sorten angeboten. Von September bis Oktober gibt es die schnell verderbliche Edelkastanie, die etwas größere und haltbarere Marone wird von Ende September bis Oktober gepflückt, und die große, mehrere Wochen lagerfähige Dauermarone hat von November bis in den Januar hinein Saison. Eßkastanien kommen aus dem Mittelmeergebiet und Ostasien, heimische Ernten werden am Bodensee und im Rheinland eingebracht.

Vom Markt in die Küche:

Die Kastanie ist die einzige Nuß, die als Gemüse gegessen wird: mit Äpfeln und Kräutern als Fülle in Geflügel, püriert zusammen mit Kartoffeln oder Sellerie, passiert für eine Suppe oder glasiert als Beilage zu Wild. Knapp die Hälfte des Einkaufsgewichts ist Abfall.

Was drin steckt:

B-Vitamine, Vitamin C, Karotin und Phosphor unterstützen das Nervensystem, Calcium stärkt Knochen und Zähne.

Chicorée

Steckbrief:

Die bleichen, unter Lichtabschluß gezogenen Stauden enthalten kein Chlorophyll und zeichnen sich durch ein von Feinschmeckern geschätztes fein-bitteres Aroma aus. Grün gewordene Pflanzenteile sind ungenießbar bitter. Inzwischen wird auch roter Chicoreé, eine Kreuzung aus weißen Sorten mit Radicchio, angeboten.

Vom Markt in die Küche:

Chicoreé ist sehr empfindlich, daher Augen auf beim Einkauf. Die knospenartige Blattrosette sollte vollständig geschlossen, die Farbe der Blattränder hellgelb, nicht aber grün sein. Äußere Blätter sollten knackig sein und fest anliegen. Immer kühl und dunkel lagern – bei Sonnenlicht wird das Gemüse grün und bitter. In Papier eingewickelt, halten sich die Stauden im Kühlschrank einige Tage. Sie lassen sich dünsten, braten, füllen und sind, arrangiert mit verschiedenen Dips, auch roh ein erfrischender Genuß.

Was drin steckt:

Kalium, Calcium, Magnesium, Phosphor, Eisen, B-Vitamine und Vitamin C. Der Bitterstoff Intybin unterstützt das Verdauungssystem.

Register

Alle Rezepte von Artischocken bis Zucchini

Und schon ist ein ganzes Jahr der Feinschmeckerei mit Gemüse herum – ein köstlicher Zyklus mit Geniestreichen von Eckart Witzigmann. Hier folgt eine Übersicht seiner Rezepte, sortiert nach Stichworten

Register

A

Artischocken, aufgeblättert	94
Artischocken, Champignons und Parmesan, Römersalat von	92
Artischockenböden mit Gemüsepanaché	91
Aufgeblätterte Artischocken	94

B

Blätterteigpastete mit Maronenpüree und Trüffelsauce	141
Blumenkohl in Curry-Kokosnuß-Sauce	111
Blumenkohlröschen, grün, mit Orecchiette	114
Blumenkohl und Brokkoli, geeiste Suppe von	112
Bohnen-Allerlei, mit Dill parfümiert	65
Bohnensalat mit Pellkartoffel und Thunfisch	66

C

Chicorée, gefüllt, mit einer Nußöl-Trüffel-Vinaigrette	150
Chicorée, geschmort, mit Kalbshaxe und Kalbsschwanz	148
Chicorée, karamelisiert, mit Trüffel	147

E

Eisbein, geschmort, auf Möhren, Petersilienwurzel und Kartoffel	53
Erbsencurry mit Kokosmilch	20
Erbsen und Zuckerschoten mit Minze, Rahmsuppe von	17

F

Fenchel mit Polenta in Tempurateig	104
Fenchelpüree mit Portweinfeige	106
Fenchel und Miesmuscheln, Samtsuppe von	103
Fenchel- und Tomatenpizza	108
Filderkraut mit Fleckerln	138
Fritierter Kranz aus Zucchiniblüten mit geschmorten Tomaten	47
Frühlingsrollen mit Lauch und Graupenrisotto	32

Wenn die Auswahl frischer Bohnen in den Sommermonaten groß ist, bereitet Eckart Witzigmann gern ein Allerlei zu. Dazu kombiniert er Wachs-, Stangen-, Busch-, Bobby und Feuerbohnen (Rezept auf Seite 65)

G

Gebratene Wirsingblätter mit Püreefüllung	136
Gedämpfte Salatherzen mit Zuckererbsen	18
Geeiste Suppe mit Blumenkohl und Brokkoli	112
Gefüllte Zwiebeln mit Sommertrüffel	62
Gefüllter Chicorée mit einer Nußöl-Trüffel-Vinaigrette	150
Gelee von roter Bete mit Crème fraîche und Kaviar	72
Geschmorter Chicorée mit Kalbshaxe und Kalbsschwanz	148
Geschmortes Eisbein auf Möhren, Petersilienwurzel und Kartoffel	53
Glasierte Maronen mit Rosenkohl und Wurzelgemüse	144
Gratin von Tomaten mit Pfifferlingen und Lauch	77
Graupenpilaw mit Pfifferlingen im Mangoldwickel	120
Grüne Tomatenkonfitüre mit frischem Ziegenkäse	78
Grüner Blumenkohl mit Orecchiette	114
Grüner Spargel mit gefülltem Kohlrabi	37

K

Karamelisierter Chicorée mit Trüffel	147
Kartoffel-Baumkuchen mit Ragout von Shiitakepilzen	97
Kartoffelsalat, russisch, à la Witzigmann	98
Kartoffelsuppe mit Knoblauch und Pilzen	100
Keniabohnen, Salat von, im Tomatenrondell	68
Konfitüre von grünen Tomaten mit frischem Ziegenkäse	78
Kranz, fritiert, aus Zucchiniblüten mit geschmorten Tomaten	47
Kürbischutney mit einem Spieß von Jakobsmuscheln	130
Kürbisravioli mit Amarettibrösel	132
Kürbissuppe mit Zimtcroûtons	129

L

Lauchfüllung in Linsen-Reis-Tacos	29
Lauchgemüse mit Rösti von rohen Kartoffeln mit Tomme de Savoie	34
Lauchsalat mit Trüffelvinaigrette	30
Lauch und Graupenrisotto in Frühlingsrollen	32
Limettenrisotto mit glasierten Möhren	56
Linsen-Reis-Tacos mit Lauchfüllung	29

Lauch ist vielseitig und inspirierte den Meisterkoch zu einem Rezept mit Pfiff: knusprig gebackene Linsen-Reis-Tacos. Für die Füllung werden die weißen Teile frischer Lauchstangen gleichmäßig kleingeschnitten (Seite 29)

M

Maronen, glasiert, mit Rosenkohl und Wurzelgemüse   144
Maronenpüree und Trüffel-
  sauce in Blätterteigpastete   141
Maronensamtsuppe mit
  Steinpilzen, Knollensellerie
  und Walnüssen   142
Möhren, glasiert, mit
  Limettenrisotto   56
Möhren, Petersilienwurzeln
  und Kartoffeln mit
  geschmortem Eisbein   53
Möhren-Trauben-Salat mit
  roten Zwiebeln und
  gebratenem Ziegenkäse   54

O

Orecchiette mit grünen
  Blumenkohlröschen   114

P

Pfannkuchen mit Spinatfüllung   24
Pfifferlinge mit Graupenpilaw
  im Mangoldwickel   120
Pfifferlinge und Steinpilze
  mit Ofenkartoffeln   118
Pilzgulasch mit Kartoffelsoufflé 117
Pizza mit Fenchel und Tomaten   108
Portweinfeige auf Fenchelpüree 106

R

Rahmsuppe von Erbsen und
  Zuckerschoten mit Minze   17
Römersalat mit Artischocken,
  Champignons und Parmesan   92
Rösti von rohen Kartoffeln
  mit Lauchgemüse und
  Tomme de Savoie   34
Rote-Bete-Gelee mit
  Crème fraîche und Kaviar   72
Rote Bete mit weißen Rübchen
  und Gnocchi   71
Rote-Bete-Salat mit
  frischem Meerrettich   74
Russischer Salat
  à la Witzigmann   98

Für einen überraschend leichten, sommerlichen Gemüseteller schmort Witzigmann frische Möhren zusammen mit Eisbein (Rezept auf Seite 53). Beim Anrichten geizt er nicht mit würzigem Schmorfond

S

Salatherzen, gedämpft, mit Zuckererbsen	18
Salat von Keniabohnen im Tomatenrondell	68
Samtsuppe mit Fenchel und Miesmuscheln	103
Spargel, grün, mit gefülltem Kohlrabi	37
Spargelterrine mit pochierten Wachteleiern	40
Spargel, weiß, mit Blumenkohl und Brokkolimus	38
Spinatfüllung in feinen Pfannkuchen	24
Spinatsalat mit Mango und Krebsen	23
Spinatsavarin mit Schneckenragout	26
Spitzkohl mit Nudelschnecken	135
Steinpilze und Pfifferlinge mit Ofenkartoffeln	118
Suppe, geeist, mit Blumenkohl und Brokkoli	112

T

Tomaten-Couscous mit Zucchini, Okra und Aubergine	80
Tomatengratin mit Pfifferlingen und Lauch	77
Tomatenkonfitüre, grüne, mit frischem Ziegenkäse	78

W

Weißer Spargel mit Blumenkohl und Brokkolimus	38
Wirsingblätter, gebraten, mit Püreefüllung	136

Z

Zucchiniblüten, fritiert, mit geschmorten Tomaten	47
Zucchininudeln mit Tomaten-Oliven-Sugo	50
Zucchiniteller mit süßsaurer Tomatensauce und Knuspergemüse	48
Zuckererbsen mit gedämpften Salatherzen	18
Zwiebeln, gefüllt, mit Sommertrüffel	62
Zwiebel-Orangen-Salat mit Fenchel und Feta-Käse	60
Zwiebeln mit orientalischer Füllung	59

Der Zwiebel-Orangen-Fenchel-Salat mit Minze ist besonders erfrischend und gesund: Die Zutaten werden mariniert, nicht aber gegart. Sie enthalten daher noch alle Aromen, Vitamine und Mineralstoffe (Rezept auf Seite 60)

Impressum

Rezepte: Eckart Witzigmann

Kochassistenz und Styling: Patrik Jaros

Fotos: Christian Teubner und Andreas Nimptsch

Titelfoto: Günter Beer

Layout: Jens Heerdmann

Redaktion: Madeleine Jakits, Martin Lagoda

Lektorat: Sabine Redlin

Rezeptdokumentation: Barbara Mayr

Versuchsküche: Heide Günter

Produktion: Jürgen Bischoff, Sabine Sälzer

Repro: Repro Schmidt, Dornbirn

Druck: Mondadori, Verona

Printed in Italy
ISBN 3-7742-4092-2

Auflage 6. 5. 4. 3. 2. 1.
Jahr 2002 2001 2000 99

©1999 Gräfe und Unzer Verlag GmbH, München
Alle Rechte vorbehalten. Nachdruck, auch auszugsweise, sowie Verbreitung durch Film, Funk und Fernsehen, durch fotomechanische Wiedergabe, Tonträger und Datenverarbeitungssysteme jeder Art nur mit schriftlicher Genehmigung des Verlages.